Irina Bohn, Tina Alicke

Wie kann Integration von Flüchtlingen gelingen, damit die Stimmung nicht kippt?

Eine Expertise

WOCHEN
SCHAU
VERLAG

Bibliografische Information der Deutschen Nationalbibliothek

Die Deutsche Nationalbibliothek verzeichnet diese Publikation in der Deutschen Nationalbibliografie; detaillierte bibliografische Daten sind im Internet über http://dnb.d-nb.de abrufbar.

Gefördert im Rahmen des Bundesprogramms „Demokratie leben! Aktiv gegen Rechtsextremismus, Gewalt und Menschenfeindlichkeit" sowie durch das Landesprogramm „Hessen – aktiv für Demokratie und gegen Extremismus"

Gefördert vom   im Rahmen des Bundesprogramms

 Bundesministerium für Familie, Senioren, Frauen und Jugend

 Demokratie *leben!*

„www.beratungsnetzwerk-hessen.de"

HESSEN
  beratungsNetzwerk hessen
Gemeinsam für Demokratie und gegen Rechtsextremismus

In Kooperation mit dem Institut für Sozialarbeit und Sozialpädagogik e. V. Zeilweg 42, 60439 Frankfurt am Main, ISS-aktuell 19/2015

Danke an alle Interviewpartner/innen, die sich kurzfristig und im angespannten Arbeitsalltag zum Jahresende 2015 Zeit für das ausführliche Teilen ihres Know-hows genommen haben.

© WOCHENSCHAU Verlag
Dr. Kurt Debus GmbH
Schwalbach/Ts. 2016

www.wochenschau-verlag.de

Gesamtherstellung: Wochenschau Verlag
Titelgestaltung: Wochenschau Verlag

Gedruckt auf chlorfreiem Papier
ISBN 978-3-7344-0335-4 (Buch)
ISBN 978-3-7344-0336-1 (E-Book)

Inhalt

Einführung

Immer mehr Menschen fliehen vor Krisen und Kriegen in ihrer Heimat u. a. anderem auch nach Deutschland. Bereits im Jahr 2014 wurde z. B. in Hessen ein Anstieg von Asylsuchenden um 70 % gegenüber dem Vorjahr registriert, im Jahr 2015 hat das Bundesland rund 80.000 Zuwanderinnen und Zuwanderer aufgenommen.[1] Etwa 80 % von ihnen stammen aus Syrien, Afghanistan und dem Irak. In den anderen Bundesländern ist die Situation vergleichbar.

Kommunale Akteure, zivilgesellschaftliche Organisationen aber auch eine Vielzahl von bürgerschaftlich engagierten Menschen haben in den vergangenen Monaten große Anstrengungen unternommen, um handfeste Unterstützung für die ankommenden Menschen zu leisten. Dies reicht von der Erstversorgung Notleidender bis hin zu Übersetzungsdiensten, Deutschkursen, Freizeitangeboten und Orientierungshilfen im Alltag. Untersuchungen zeigen, dass beim ehrenamtlichen Engagement sowohl altruistische Anliegen (humanitäre Hilfe) als auch der Wunsch, gesellschaftliche Zustände zu gestalten, zentrale Motivationsgrundlagen darstellen.[2] Dennoch sind Engagierte mit einer Vielzahl von organisatorischen und praktischen Herausforderungen konfrontiert, die letztlich zu einer Überforderung und ggf. zu einer wahrnehmbaren Diskrepanz zwischen Motivlage und tatsächlichem Einsatz führen können.

Auch auf Seiten der politisch und kommunal verantwortlichen Akteure lässt sich eine hohe Bereitschaft zur Lösung der drängenden Probleme ausmachen: Es gelang überwiegend, sowohl Unterkünfte kurzfristig bereitzustellen, durch Amtshilfe stark betroffene Kommunen zu entlasten als auch durch die Abordnung aktueller und ehemaliger staatlicher Mitarbeiter/innen, wie i. e. Polizeibeamt/innen und Lehrer/innen, Unterstützung zu organisieren. Landrät/innen und Bürgermeister/innen positionieren sich gegen rassistische Meinungsmache und müssen manchmal hierfür auch persönliche Bedrohungen in Kauf nehmen.

Trotz dieses breiten Engagements nehmen jedoch auch die Übergriffe und Bedrohungen durch rechtsextreme und rassistische Gruppierungen bzw. Personen, die sich diesen Szenen zuordnen lassen, zu. Bis einschließlich September 2015 zählte das Bundeskriminalamt bundesweit 549 und Straf- und Gewalttaten gegen Flüchtlinge und Unterkünfte.[3] Offensichtlich sieht sich eine gestiegene Zahl von Täter/innen dazu berechtigt, die Gewalthoheit des Staates auszuhebeln und gegen „unerwünschte" Entwicklungen eigenmächtig vorzugehen. Rechtsextreme Organisationen – wie z. B. die „Identitäre Bewegung" – koordinieren Aktionen und versuchen, die bürgerliche Mitte zum Widerstand gegen den Zuzug von Flüchtlingen zu mobilisieren, der aus ihrer Sicht ausschließlich „Drogenhandel, Gewalt- und Eigentumsdelikte, Müllentsorgungsprobleme und Ruhestörung" zur Folge hätte.[4]

Gerade aber um die bürgerliche Mitte, also die Menschen, die aktuell Unsicherheit, Unbehagen oder gar eine Bedrohung persönlicher und gesellschaftlicher Errungenschaften empfinden, dennoch aber Flüchtlingen nicht grundsätzlich ablehnend gegenüberstehen, wird es zukünftig „im Kampf um die Köpfe" gehen. Es wird eine zentrale Aufgabe der Rechtsextremismus- und Rassismusprävention der nahen Zukunft sein, Maßnahmen umzusetzen, die verhindern, dass diese Bürger/innen zunehmend demokratiefeindliche und rassistische Positionen annehmen bzw. offensiv vertreten und die gesellschaftliche Stimmung in Richtung einer pauschalen Ablehnung von Zuwanderung kippt.

Insofern ist eine pro-aktive Beratung – wie sie das Beratungsnetzwerk Hessen anbietet – vor Ort dringend geboten. Diese Beratung hat zum Ziel, die kommunalen und zivilgesellschaftlichen Akteure bei der Vermeidung von Konflikten im Vorfeld und bei der Deeskalation im Gemeinwesen im Zusammenhang mit der Unterbringung von Asylsuchenden zu unterstützen und sie zum Umgang mit rechtsextremen Aktivitäten oder auch bei der Entwicklung der örtlichen Zivilgesellschaft hin zur Schaffung einer Willkommenskultur zur Seite zu stehen.

Angesichts der Tatsache aber, dass nunmehr nicht nur die Schaffung dieser primären Willkommenskultur, sondern auch die Sicherstellung der mittelfristigen Anerkennung und Integration von Flüchtlingen vonnöten sind, müssen neue Fragestellungen in den Blick genommen werden: Wie kann das bürgerschaftliche Engagement und das Interesse für die Belange von Flüchtlingen aufrechterhalten werden? Wie können Flüchtlinge aktiv in das Geschehen vor Ort eingebunden, wie können Bürger/innen der Mitte angesprochen werden? Wie können die demokratischen Kräfte eine größere Bedeutungskraft auf kommunaler Ebene entwickeln und welche aktiven Gegenmaßnahmen sind gegen rechte Aktivitäten geboten?

> **Wie kann das bürgerschaftliche Interesse aufrechterhalten werden?**

Das Beratungsnetzwerk Hessen hat zur Beantwortung dieser Fragestellungen bzw. zur Entwicklung eines erweiterten Handlungskonzepts für die Mobile Beratung die vorliegende Expertise ausgeschrieben, die vorhandenes Vorwissen aus Wissenschaft und Praxis und daraus Handlungsempfehlungen für die Implementierung des Konzeptes zum Thema „Integration von Flüchtlingen unter der Berücksichtigung lokaler Stimmungslagen" extrahiert.

Auftrag war es herauszuarbeiten, auf welche Maßnahmen es ankommt, um ein gesellschaftliches Klima der Offenheit und aktiven Partizipation für die Integration von Flüchtlingen aufrecht zu erhalten oder zu schaffen. Hierbei sollten insbesondere folgende Perspektiven beachtet werden:

• der Anerkennungsstatus von Flüchtlingen und eine sozialräumliche Perspektive;
• das vorhandene Wissen zu den Fragen städtische/ländliche, arme/reiche, migrationsstarke/migrationsschwache Kommunen und
• die Vermeidung eines paternalistischen Blickwinkels, der die Ressourcen der Flüchtlinge selbst nicht in den Blick nimmt.

Als Flüchtling definiert die Genfer Flüchtlingskonvention eine Person, „die sich außerhalb des Landes befindet, dessen Staatsangehörigkeit sie besitzt oder in dem sie ihren ständigen Wohnsitz hat, und die wegen ihrer Rasse, Religion, Nationalität, Zugehörigkeit zu einer bestimmten sozialen Gruppe oder wegen ihrer politischen Überzeugung eine wohlbegründete Furcht vor Verfolgung hat und den Schutz dieses Landes nicht in Anspruch nehmen kann oder wegen dieser Furcht vor Verfolgung nicht dorthin zurückkehren kann."[5]

Gibt es „erwünschte" und „unerwünschte" Flüchtlinge?

In der vorliegenden Expertise werden unter dem Begriff „Flüchtlinge" Menschen verstanden, die Asyl in Deutschland suchen, um Bedrohungen in ihrem Heimatland zu entkommen. Der rechtliche Status dieser Menschen umfasst hierbei Asylbewerber/innen während des laufenden Asylverfahrens, Asylberechtigte (politisch Verfolgte nach Art. 16a GG), anerkannte Flüchtlinge nach §3 AsylG gemäß der Genfer Flüchtlingskonvention Art. 1 und subsidiär Schutzberechtigte nach § 4 AsylG nach positivem Asylbescheid ebenso wie Geduldete nach §60 AufenthG, deren Asylantrag abgelehnt wurde, aber die Abschiebung ausgesetzt wird. Es geht es zu bedenken, dass in diesem Sinne verstandene Flüchtlinge – anders als es der Begriff suggeriert – eine sehr heterogene Gruppe von Menschen unterschiedlicher Herkunft, Alters und sozialer Milieus darstellen und dass auch ihre Lebensbedingungen in Deutschland je nach Rechtsstatus sehr stark variieren. Aufgrund des engen Zeitfensters, in dem die Expertise erstellt wurde, konnte der Aspekt der Differenzierung der Befunde nach dem Anerkennungsstatus der Flüchtlinge nicht umgesetzt werden. Hierzu wären vertiefende Recherchen nötig gewesen, für die keine zeitlichen Ressourcen vorlagen. Die Expert/innen haben in den Interviews vor allem Unterscheidungen zwischen Flüchtlingen mit und ohne Bleibeperspektive getroffen. Beschriebene Maßnahmen zur Integration wurden ohne weitere Differenzierung auf die Gruppe der Flüchtlinge mit einer Bleibeperspektive bezogen. Häufiger als der Rechtsstatus kamen Differenzierungen zwischen Flüchtlingen aus Krisenländern wie Syrien, Eritrea und Afghanistan und Flüchtlingen aus sog. sicheren Herkunftsländern z. B. Albanien, Bulgarien sowie Bosnien vor.[6] Hier kann z. T. von einer dichotomen Differenzierung zwischen „erwünschten" und „unerwünschten" Flüchtlingen ausgegangen werden.

Das vorliegende Buch ist in sechs Teile gegliedert.

In ersten Abschnitt werden die zentralen Begriffe „Willkommenskultur", „Integration" und „Inklusion", die eine fachliche Rahmung der aktuellen Diskurse um die Integration von Flüchtlingen ermöglichen, erläutert.

Im zweiten Abschnitt werden die grundlegenden Voraussetzung für eine strukturelle Integration von Flüchtlingen skizziert und die rechtlichen Bestimmungen in Bezug auf Spracherwerb und Bildung sowie Arbeitsmarktzugang beschrieben.

Städtische und ländliche Räume bieten für die Aufnahme und Integration von Flüchtlingen unterschiedliche strukturelle sowie gesellschaftliche Potentiale und Herausforderungen, diese sind im dritten Abschnitt dargestellt.

Im vierten Abschnitt wird die Gesamteinschätzung der Expert/innen zur Situation bei der Flüchtlingsaufnahme vor Ort zusammengefasst und in Abschnitt fünf werden die Aspekte vorgestellt, die sich auf der Basis der Auswertungen der Expert/innen-Interviews und des Forschungsmaterials als förderlich erweisen, wenn es darum gehen soll, einer flüchtlingsfeindlichen Stimmung bei den Bürger/innen vorzubeugen.

Abschnitt sechs fasst schließlich Schlussfolgerungen zusammen.

Anmerkungen

1   Vgl. Regierungserklärung des Ministerpräsidenten Volker Bouffier zum Thema Flüchtlinge und Asylbewerber in Hessen „Hessen handelt". Plenarsitzung des Hessischen Landtages am 19.12 2015.

2   Vgl. Karakayali/Kleist 2015: S. 33.

3   Vgl. Deutscher Bundestag 2015.
4   Vgl. Majic, D. 2015.
5   Vgl. Bundesministerium für wirtschaftliche Zusammenarbeit und Entwicklung
    2015.
6   Vgl. hierzu kritisch PRO ASYL 2014.

Die grundlegenden Begriffe

„Willkommens- und Anerkennungskultur"
sowie „Integration" und „Inklusion"

Im Folgenden werden die zentralen Begriffe „Willkommenskultur", „Integration" und „Inklusion", die eine fachliche Rahmung der aktuellen Diskurse um die Integration von Flüchtlingen ermöglichen, erläutert. Sie sollen einer konzeptionellen Einordnung jenseits ihres alltagsweltlichen Gebrauchs dienen.

Willkommens- und Anerkennungskultur

Angesichts der im Jahr 2015 deutlich gestiegenen Zuwanderung von Flüchtlingen und den resultierenden gesamtgesellschaftlichen Herausforderungen kommt dem Begriff der „Willkommenskultur" aktuell eine hohe Bedeutung zu. Er ist zum festen Bestandteil der öffentlichen Debatte geworden und beschreibt zunächst eine Grundhaltung der Aufgeschlossenheit und Akzeptanz gegenüber Migrant/innen.[7]

Ursprünglich fand der Begriff unter Bezugnahme auf arbeitsmarktspezifische Entwicklungen Eingang in die wirtschaftlichen und politischen Diskurse. In Anbetracht des Rückgangs der Bevölkerung im erwerbsfähigen Alter und des wachsenden Fachkräftebedarfs wurden vielfältige Maßnahmenbündel diskutiert, die auf eine Abmilderung der Konsequenzen des demografischen Wandels abziel(t)en.

Neben der Ausschöpfung bestehender Potentiale etwa in Form von „Bildungsoffensiven" und der Erhöhung der Lebensarbeitszeit nahm und nimmt hierbei die gezielte Anwerbung ausländischer Arbeitskräfte eine prominente Rolle ein.[8] U.a. aufgrund des globalen Wettbewerbs um den Zuzug von Fachkräften gerieten

zunehmend die Lebens- und Arbeitsbedingungen der Aufnah-
meländer in den Blick.[9] So wurde im Bemühen um möglichst
attraktive Standortbedingungen speziell die Förderung einer
Kultur des Willkommens betont.

Von dieser primär ökonomischen, auf Außenwerbung neuer
Fachkräfte gerichteten Perspektive löst sich Friedrich Heckmann
und präzisiert den bis dahin eher unscharfen Begriff.[10] Er differenziert vier Ebenen:

- die Ebene des Individuums,
- die Ebene interpersonaler Beziehungen,
- die Ebene von Organisationen und Institutionen sowie
- die Ebene der Gesamtgesellschaft.

„Auf Ebene des Individuums meint Willkommenskultur offene,
möglichst vorurteilsfreie Einstellungen und Verhaltensweisen
gegenüber Menschen anderer als der eigenen Gruppe ethnischen
Zugehörigkeit, anderen Aussehens und

Was heißt
Willkommenskultur?

Religion."[11] Eine grundsätzliche Beziehungs-
und Hilfsbereitschaft gegenüber Fremden
kennzeichnet die zweite Ebene. In Bezug
auf Organisationen und Institutionen hingegen meint Willkommenskultur „offene Regelungen und Praktiken des Mitglied-
schaftserwerbs und der Entfaltung neuer Mitglieder [...]."[12] Ein
mehrheitliches Selbstverständnis als Einwanderungsland und
entsprechende Einreise- und Aufenthaltsbedingungen bilden
schließlich die zentralen Charakteristika der vierten Ebene.

Das Bundesamt für Migration und Flüchtlinge differenziert
darüber hinaus zwischen Willkommens- und Anerkennungskultur. Grundlegend für dieses zweigeteilte, erweiterte Verständnis ist
ein Phasenmodell, welches Zuwanderungsprozesse idealtypisch
beschreibt. Es umfasst

- die Phase der Zuwanderungsentscheidung („Vorintegration"),
- die Phase der „Erstorientierung" in Deutschland sowie
- die Phase der langfristigen „Etablierung".

Potentiell zuwandernde oder kürzlich eingetroffene Personen

bilden den zentralen Referenzpunkt der Willkommenskultur (Phase 1 und 2). Das Konzept der Anerkennungskultur hingegen bezieht sich auf Personen mit längerer Aufenthaltsdauer (Phase 3). Hier werden im Idealfall die gesellschaftlichen Beiträge aller im jeweiligen Land lebenden Menschen mit Migrationshintergrund wertgeschätzt und deren Integration in das gesellschaftliche Leben aktiv gefördert.

Integration

Mit Blick auf die Phase der mittel- und langfristigen Etablierung bezeichnet das Bundesministerium des Inneren die Integration der ständig in Deutschland lebenden Zuwanderer als eine der wichtigsten innenpolitischen Aufgaben. „Ziel ist es, alle Menschen, die dauerhaft und rechtmäßig in unserem Land leben, in die Gesellschaft einzubeziehen und ihnen die damit verbundenen Rechte zu gewähren sowie Pflichten aufzuerlegen."[13]

Aus sozialwissenschaftlicher Perspektive meint der Begriff zunächst einen Prozess der Eingliederung einzelner Elemente in ein neues Ganzes. Im Kontext Migration lässt er sich präzisieren als „Einfügen von Bevölkerungen in existierende Sozialstrukturen und die Qualität dieser Verbindung in bezug [sic!] auf sozioökonomische, legale und kulturelle Verhältnisse."[14]

Häufig werden vier Dimensionen unterscheiden:
- strukturelle,
- kulturelle,
- soziale sowie
- identifikatorische oder emotionale Integration.[15]

Die strukturelle Ebene bezieht sich vornehmlich auf die (Voraussetzungen zur) Partizipation an den zentralen Institutionen der Aufnahmegesellschaft (Bildungssystem, Arbeitsmarkt und rechtlicher Status). Die kulturelle Ebene umfasst u. a. kognitive Kompetenzen (Sprache) sowie die Internalisierung bzw. Anerkennung zentraler Werte, Normen und Einstellungen. Soziale Integration rekurriert auf die zwischenmenschlichen

Beziehungen der Menschen mit Migrationshintergrund. Von
zentraler Bedeutung ist dabei die Frage, ob diese vorwiegend
innerhalb der eigenen ethnischen/religiösen/kulturellen Gruppen
oder auch über deren Grenzen hinweg
bestehen (Intergruppenkontakte).[16] Das
subjektive Gefühl der Zugehörigkeit,
also die Frage, ob sich Migrant/innen
als Teil der Gesellschaft wahrnehmen
und sich mit dieser identifizieren, ist schließlich Bestandteil der
emotionalen Integration.

**Welche Voraussetzungen
braucht eine mittel- und
langfristige Integration?**

Dabei ist die Frage, inwieweit sich die Aufnahmegesellschaft
öffnen und anpassen muss, um zu einem auf sämtlichen Ebenen
stattfindenden Prozess beizutragen, Gegenstand wiederkehrender
Diskussionen. In jedem Fall ist jedoch davon auszugehen, dass
gelingende Integration ein wechselseitiger Prozess ist, in dessen
Verlauf Anforderungen sowohl an die aufnehmende Gesellschaft (z. B. Ermöglichung von gleichberechtigten Zugängen zu
Bildungs-, Ausbildungs- und Arbeitsmärkten), als auch an ihre
Mitglieder mit Migrationshintergrund (Spracherwerb, Kenntnisse und Akzeptanz geltender Werte und Normen, Bereitschaft
zu Intergruppenkontakten etc.) gerichtet sind.[17]

Inklusion

Ist mit dem Konzept der Integration die Grundannahme
verbunden, dass es Integrierte und zu Integrierende gibt, zielt
Inklusion darauf ab, „Heterogenität als gesellschaftliche Reali-
tät wahrzunehmen, Vorstellungen von einer mehr oder minder
homogenen Normalität zu ersetzten [sic!] und die Rechte auf
Teilhabe in der Praxis zu verankern. Der Fokus liegt dabei nicht
auf einer Anpassung des einzelnen an die Struktur, sondern es ist
eine gesamtgesellschaftliche Aufgabe, die Regelstrukturen so zu
gestalten, dass jedes Individuum sein Recht auf gesellschaftliche
Teilhabe wahrnehmen kann."[18]

Über diese erste Annäherung hinaus bleibt „Inklusion" ein eher unbestimmter Begriff, der in den medialen, wissenschaftlichen und politischen Diskursen unterschiedliche Konnotationen und Bedeutungen besitzt. Entsprechend existieren kein einheitliches Begriffsverständnis und keine allgemein anerkannte Definition. Einigkeit besteht jedoch in der Vorstellung, dass der Begriff der Inklusion über jenen der Integration hinaus geht und eine Überwindung exkludierender gesellschaftlicher Verhältnisse umfasst.[19]

Im Verständnis des ISS-Frankfurt am Main gilt Inklusion für alle Menschen, unabhängig ihrer Gruppenzugehörigkeit. Sie zielt darauf ab, eine Kultur zu fördern, die individuelle Vielfalt in der Gesellschaft wertschätzt und einen nichtdiskriminierenden Umgang mit Individuen und ihrer Heterogenität fordert. Dies gilt auch für gesellschaftliche und sozialstaatliche Strukturen. Im Sinne der oben angesprochenen Wechselseitigkeit „ist es nicht mehr nur Aufgabe des einzelnen Individuums, sich in bestimmte existierende Strukturen zu integrieren und sich ihnen anzupassen, sondern es ist die Pflicht des Staates, Strukturen so zu gestalten, dass das Recht des Einzelnen auf eine gleichberechtigte und selbstbestimmte Teilhabe an allen gesellschaftlichen Teilbereichen gewährleistet ist."[20]

> **Geht der Begriff der Inklusion über den der Integration hinaus?**

Anmerkungen

7 Vgl. Heckmann 2012, S. 2f.
8 Vgl. Hradil 2004.
9 Um Fachkräfte in ausreichender Zahl für einen Zuzug zu gewinnen, wurde in Deutschland u. a. die Beschäftigungsverordnung angepasst bzw. die „Blaue Karte" eingeführt. Darüber hinaus können aus dieser primär ökonomischen Perspektive Informationsangebote oder bewusstes Diversity Management zur Etablierung einer Kultur des Willkommens beitragen (vgl. Carrel 2013).
10 Vgl. Roth 2013, S. 10.
11 Heckmann 2012, S. 3.
12 Ebd. S. 3.
13 Bundesministerium des Inneren (o.J).
14 Vgl. Heckmann 1997, S. 1.

15   Vgl. El-Mafaalani/Toprak 2011, S. 22. oder Heckmann 1997, S. 1.

16   Vgl. Heckmann, 1997, S. 6.

17   Mit dem Konzept der Integration ist das Ziel verbunden, die Chancengleichheit aller Mitglieder des Gemeinwesens, unabhängig von ihrer ethnischen oder sozialen Herkunft, zu fördern. Dieses findet sich auch in den Ausführungen des Bundesministeriums des Inneren (o.J.) wieder: „Die Integration von Zuwanderern soll Chancengleichheit und die tatsächliche Teilhabe in allen Bereichen ermöglichen, insbesondere am gesellschaftlichen, wirtschaftlichen und kulturellen Leben".

18   Alicke/Eichler/Laubstein 2015, S. 31.

19   Kronauer 2010.

20   Alicke/Eichler/Laubstein 2015, S. 43.

Elemente einer gelingenden Integration auf kommunaler Ebene

Die strukturelle Integration von Flüchtlingen ist eine grundlegende Voraussetzung für gelingende Integrationsprozesse insgesamt, daher sollen an dieser Stelle vorab die zentralen fachpolitischen Rahmenbedingungen skizziert werden.

Um die langfristige und gesamtgesellschaftliche Aufgabe der Integration von Flüchtlingen zu ermöglichen, müssen die Phasen der „Erstorientierung" und der „langfristigen Etablierung" bewusst gestaltet und mittel- bzw. langfristige Prozesse der Integration sowohl durch die aufnehmenden Kommunen als auch durch die zugewanderten Menschen bewältigt werden. Dabei lassen sich mehrere grundlegende Handlungsperspektiven einer gelingenden kommunalen Flüchtlingspolitik konturieren.[21]

Die Verteilung Asylsuchender auf die einzelnen Bundesländer und die jeweiligen Erstaufnahmeeinrichtungen wird nach dem „Königssteiner Schlüssel" vorgenommen, welcher jedes Jahr auf Grundlage der Bevölkerungszahl und der zur Verfügung stehenden Steuereinnahmen neu bestimmt wird. Nach der vorläufigen Unterbringung in den Erstaufnahmeeinrichtungen des Landes Hessen oder in einer der 28 Außenstellen (Stand: 1.12.2015) werden die Flüchtlinge durch das Regierungspräsidium Darmstadt den Landkreisen und kreisfreien Städten zugewiesen. Für die weitere Versorgung und **Wohnunterbringung** vor Ort sind schließlich die Kommunen zuständig. Entsprechend stellt die Bereitstellung von Wohnraum eine dringliche und vielerorts kontrovers diskutierte Aufgabe dar. Bei ihrer Bewältigung kann es sich mit Blick auf eine gelingende Integration u. a. als förderlich erweisen,

- ein kommunales Konzept zur integrierten Wohnunterbringung und sozialen Begleitung zu entwickeln,

- Möglichkeiten zeitnaher, dezentraler Unterbringung auszu-
  loten und zugleich die
- Erreichbarkeit der Asylsuchenden für Unterstützungsmaß-
  nahmen sicherzustellen.
- Darüber hinaus bietet es sich an, Anreize zur Unterbringung
  in Privathaushalten zu schaffen.

Kommunale Akteure verweisen im Zusammenhang mit der
kurzfristigen Unterbringung von Flüchtlingen und Asylsuchenden jedoch nicht nur auf einen hohen Problemdruck, sondern
auch auf das ausgeprägte zivilgesellschaftliche Engagement
sowie die trotz aller Bemühungen

**Koordinierung aller Aktiven
vor Ort ist notwendig**

noch unzureichende Koordinierung
der Aktiven vor Ort. Entsprechend
stellt derzeit neben der Mobilisierung
von Engagementpotentialen die Förderung eines vernetzten
und koordinierten Zusammenwirkens aller beteiligten Akteure
einen wesentlichen der Integration zuträglichen Faktor dar.
Um einem unverbundenen Nebeneinander entgegenzuwirken
und eine effektive, an den lokalen Bedürfnissen orientierten
Umgang mit den Zuwandernden zu entwickeln, bietet es sich
an, die Vernetzung zwischen Politik, Verwaltung und Zivilgesellschaft zu fördern und dabei möglichst Vertreter/innen der
zugewanderten Menschen einzubinden. Zugleich zeichnet sich
ab, dass die Bedarfe der Aktiven angesichts des fortgesetzten
Problemdrucks keinesfalls aus dem Blick geraten sollten.[22] Sie
benötigen eine kontinuierliche, professionelle, anerkennende
und qualifizierende Begleitung.

Über diese drei grundlegenden Aspekte hinaus („Wohnunterbringung", „Vernetzung", „Unterstützung der Engagierten") lassen
sich entlang der o. a. Dimensionen gesellschaftlicher Integration
weitere förderliche Bedingungen beschreiben.

Auf struktureller Ebene ist es der Integration demnach zuträg-
lich,

- ggf. schon vor Abschluss des Asylverfahrens berufsbezogene Kompetenzen der zugewanderten Menschen zu ermitteln, zu erhalten und z. B. über Praktika, Berufserprobungskurse und weiterführende Beschäftigungsmöglichkeiten zu fördern,
- Unternehmen zu beraten, die Geflüchteten Ausbildungs-, Praktikums- oder Arbeitsplätze vermitteln wollen und
- Gelegenheiten zum ehrenamtlichen Engagement und die Vermittlung von „Arbeitsgelegenheiten" zu schaffen.

So besteht in Wissenschaft und Forschung Konsens darüber, dass Erwerbsarbeit u. a. zu sozialen Kontakten, Wertschätzung und Identifikation mit der aufnehmenden Gemeinschaft beitragen kann. Demnach ist langfristig die erfolgreiche Eingliederung in den Arbeitsmarkt ein wesentlicher

Der Zugang zum Arbeitsmarkt ist wichtig

Grundpfeiler weiterführender Integrationsfortschritte auch in den übrigen Dimensionen (soziale, kulturelle, identifikatorische Integration).[23]

Der rechtliche Zugang zum **Arbeitsmarkt** für Geflüchtete hängt von ihrem Aufenthaltsstatus und der Aufenthaltsdauer in Deutschland ab. Eine Ausnahme bilden Praktika.

Asylsuchende und Personen mit Duldung benötigen eine Arbeitserlaubnis durch die Ausländerbehörde und ggf. auch die Genehmigung der Zentralen Auslands- und Fachvermittlung der Bundesagentur für Arbeit. In den ersten drei Monaten und während des Aufenthalts in einer Aufnahmeeinrichtung des Landes dürfen Asylsuchende nicht arbeiten. Sie dürfen „Arbeitsgelegenheiten" bei einer staatlichen Stelle oder einer gemeinnützigen Einrichtung (bei 1,05 € Stundenlohn) annehmen. Asylsuchende und Geduldete haben ab einer Aufenthaltsdauer von 3 Monaten bis zum Zeitraum von Jahren einen eingeschränkten Arbeitsmarktzugang, d.h. es bedarf der Zustimmung der Arbeitsagentur, da in den ersten 15 Monaten eine Arbeitsmarkt- und eine Vorrangprüfung durchgeführt werden müssen.

Von besonderer Bedeutung ist ferner, dass die Eingliederung in das **Bildungssystem** erleichtert bzw. unterstützt wird, indem z. B.

- die Einhaltung der Schulpflicht sichergestellt und
- der Besuch von Kindertagesstätten gefördert wird,
- Multiplikator/innen (z. B. Lehrer/innen, Mitarbeiter/innen von Kindertagesstätten) qualifiziert und für die Lage der Flüchtlinge sensibilisiert werden,
- Bildungspatenschaften, Hilfen beim Spracherwerb o. Ä. auch in Zusammenarbeit mit zivilgesellschaftlichen Akteuren vorgehalten und
- bereits bestehende Bildungsangebote (z. B. von Hochschulen) zugänglich gemacht werden.

Flüchtlinge mit einer Aufenthaltserlaubnis haben Anspruch auf einen Integrationskurs. Dies gilt nicht für Asylsuchende und Geduldete. Nach Abschluss des Integrationskurses besteht die Möglichkeit zur Teilnahme an einem berufsbezogenen Sprachkurs im Rahmen des ESF-BAMF-Programms, sofern die Aufenthaltserlaubnis länger als ein Jahr gilt oder Asylsuchende sich seit neun Monaten in Deutschland aufhalten.[24]

Der Zugang zum Bildungssytem ist eine Voraussetzng für Integration

Kinder, die nicht mehr in Erstaufnahmeeinrichtungen des Landes leben, haben ab dem ersten Lebensjahr Anspruch auf einen Kitaplatz. Derzeit werden diese Angebote noch wenig genutzt. Sobald geflüchtete Kinder und Jugendliche von den Aufnahmeeinrichtungen des Landes in die Kommune gewechselt sind, besteht für sie Schulpflicht.

Anerkannte Asylberechtigte, Flüchtlinge und subsidiär Schutzberechtigte können jederzeit eine Ausbildung aufnehmen. Asylsuchende können erst nach drei Monaten des Aufenthalts und Geduldete erst ab Erteilung der Duldung in eine Ausbildung starten. Sie benötigen eine Beschäftigungserlaubnis der Ausländerbehörde. Schulische Berufsausbildungen sind für Asylsuchende und Geduldete immer möglich und müssen nicht genehmigt werden. Für Menschen aus gesetzlich definierten sicheren Herkunftsstaaten, die nach dem 01.09.2015 einen Asylantrag gestellt haben, besteht nach dem Asylverfahrensbeschleunigungsgesetz ein Beschäftigungsverbot. Geduldete müssen eine Berufsausbildung vor dem 21. Lebensjahr begonnen haben. Geflüchtete dürfen auch in Deutschland studieren, sowohl während des Asylverfahrens, als auch mit der Anerkennung als Asylberechtigter, Flüchtling oder subsidiär Schutzberechtigter und mit Duldung.

Anmerkungen

21 Die nachfolgenden Ausführungen beziehen sich weitgehend auf die Ergebnisse der Veröffentlichung von Aumüller/Daphi/Biesenkamp 2015, S. 162f.

22 Vgl. ISS-Frankfurt a.M./Camino 2015.

23 Vgl. Thränhardt 2015.

24 Vgl. Weiser 2014, S. 32.

Potentiale und Hindernisse von städtischen und ländlichen Räumen für die Integration von Flüchtlingen

Städtische und ländliche Räume bieten für die Aufnahme und Integration von Flüchtlingen unterschiedliche strukturelle sowie gesellschaftliche Potentiale und Herausforderungen. Diese gezielt in den Blick zu nehmen ist notwendig, um angemessene Strategien der Unterstützung entwickeln zu können, bzw. besser an die jeweiligen Herausforderungen angepasst handeln zu können.

Bis vor kurzem galt, dass urbane Räume besser zur Integration von Flüchtlingen geeignet sind als ländliche Gebiete. Neuere Studienergebnisse relativieren inzwischen diese Einschätzung.[25] Vorteilhaft ist in Städten, dass die strukturelle, technische und soziale Infrastruktur in den städtischen Räumen besser ausgebaut ist. Der Zugang zum öffentlichen Nahverkehr, zu Kommunikationstechnologien, zu medizinischer und psychologischer Versorgung, zu Orientierungs-, Bildungs- und Beratungsangeboten etc. ist in urbanen Räumen besser gewährleistet als in ländlichen Gebieten. Zudem sind die Chancen für eine Integration in den Arbeitsmarkt deutlich größer.

Ein weiterer Vorteil städtischer Standorte ist, dass die Verwaltungsstrukturen gut ausgebaut sind. Es existieren in Städten häufiger strategisch ausgerichtete kommunale Handlungsstrategien, die Vernetzung gesellschaftlicher, politischer und wirtschaftlicher Akteure bei der zur Förderung der Integration ist zumeist gegeben und es existieren Ansätze zur interkulturellen Öffnung der Verwaltung. So kann auf bestehenden Potentialen aufgebaut werden und können staatliche Mechanismen der Integration zügiger vorangebracht werden. Durch die räumliche Nähe sind ferner auch Vernetzungsstrukturen in der Flüchtlingshilfe leichter einzurichten als in ländlichen Gebieten und es kann zudem auf Organisationsstrukturen wie i.e. Stadtteilkonferenzen, Arbeitsgemeinschaften aufgebaut werden.

Urbane Räume sind im Vergleich zu ländlichen Räumen ferner von größerer Vielfalt gekennzeichnet. Die Gelegenheitsstrukturen für Freizeit, Sport, Kultur, Religion, Vereinen und Neigungsgruppen sind breit ausgerichtet. Hinzu kommen Angebote, die von migrantischen Communities getragen werden. Im Vorhandensein von Moscheevereinen, Migrantenselbstorganisationen oder Nachbarschaften sehen Expert/innen wichtige Potentiale für die Integration von Flüchtlingen. Städte sind aber auch i.d.R. durch eine kulturelle, soziale und ethnische Vielfalt der Bevölkerung geprägt. 71 % der Menschen mit

Vorteile städtischer Standorte: größere Vielfalt von Angeboten

Migrationshintergrund in Hessen leben in städtischen Gebieten, 25 % in verstädterten Räumen, in ländlichen Räumen hingegen nur knapp 4 %.[26] Die Heterogenität der Bevölkerung wirkt sich auf die Sichtbarkeit von Flüchtlingen im öffentlichen Raum aus und führt dazu, dass Flüchtlinge weniger exponiert sind. Sog. Einwandererquartiere schaffen darüber hinaus Brückenköpfe, die Flüchtlingen „Informationen, praktische Hilfen, aber auch soziale und psychologische Unterstützung bieten, sie vor Isolation schützen und generell den Schock der Fremde mildern."[27]

Ein weiterer Vorteil von Städten drückt sich im mobilisierbaren zivilgesellschaftlichen Potential aus. Das Vorhandensein einer Vielzahl von Organisationen und Zusammenschlüssen in der Flüchtlings- bzw. Integrationshilfe, aber auch in erweiterten Kontexten mündet in einem zivilgesellschaftlichen Potential, das von ländlichen Räumen nicht in der gleichen Breite vorgehalten werden kann. Damit gestalten sich vielfältige Brücken in lokale Gemeinschaften vor Ort und lassen sich bei Bedarf Solidarität, Einsatz für die Belange von Flüchtlingen und zivilgesellschaftlicher Protest gegen Rassismus und ggf. auch Rechtsextremismus leichter mobilisieren. Auch die Förderung der Selbstorganisation von Migrant/innen ist in urbanen Räumen eher gewährleistet als im ländlichen Raum.

Andererseits haben Ballungszentren den Nachteil, dass Wohnraum knapp und die Gefahr der Segregation für Flüchtlinge erhöht ist, da billiger Wohnraum – wenn überhaupt – nur in benachteiligten Wohngebieten bereitsteht. Zentral gelegene Unterkünfte – gerade in Stadtvierteln mit einem hohen bürgerschaftlichen Potential – sind begrenzt, so dass auch Kommunen, die eine dezentrale

Nachteile städtischer Standorte: Segregation und teurer Wohnraum

Unterbringung vorsehen, inzwischen auf Großunterkünfte an der Peripherie zurückgreifen müssen. Derzeit beurteilen Expert/innen die dezentrale Unterbringung von Flüchtlingen in wenig migrantisch geprägte Sozialräume als vorteilhaft, da Kontakte zur einheimischen Bevölkerung schneller ermöglicht werden. Untersuchungen zeigen aber, dass sich in homogenen Stadtvierteln Neiddebatten langfristig eher ausprägen, da insbesondere schicht- und lebenslagenbedingte Unterschiede als Normverstöße wahrgenommen werden und Diskurse über „einen zu hohen Anteil an Migrant/innen" schneller aufkommen.[28] Zudem bleiben die Durchsetzungschancen von Minderheiten in solchen Quartieren eher begrenzt, sofern hier keine unterstützenden Maßnahmen ergriffen werden. Aktuell zeigt sich zudem, dass die dezentrale Unterbringung von Flüchtlingen in Kommunen, die gleichzeitig große Unterbringungseinheiten betreuen müssen, dazu führen kann, dass sie „aus den Augen verloren" werden. Das ehrenamtliche Engagement wird dorthin abgezogen, wo die größten Probleme in der Unterbringung bestehen, und die Kapazitäten reichen derzeit nicht aus, um die benötigten Tandemmodelle einzurichten.

In ländlichen Regionen und Kleinstädten gelingt im Vergleich zu städtischen Ballungsräumen insbesondere die dezentrale Unterbringung von Flüchtlingen leichter, da die räumlichen Gegebenheiten – insbesondere auch in den oftmals sich entleerenden Dorfkernen – deutlich besser sind. Im Vergleich zu

Ballungsräumen ist daher die Segregation gering, sie begrenzt sich auf Straßenzugs- oder Wohnblockebene.[29] Zudem erleichtern räumliche Nähe und die Überschaubarkeit der dörflichen Strukturen die Orientierung und die Kontaktaufnahme zur Wohnbevölkerung. Expert/innen weisen ferner aktuell auf die hohe Bereitschaft zur Unterstützung der Flüchtlinge hin, die auf dem Land als Form der Nachbarschaftshilfe selbstverständlich sei. Integration, so die Expert/innen, verlaufe „von selbst", da Kontakte über die Schulen, Kinder oder in den Nachbarschaften unausweichlich seien. Die Integration über das Vereinsleben, insbesondere die Sportvereine, gelinge in den ländlichen Strukturen zumeist gut.[30] Zudem seien die Kirchengemeinden aktiv und böten niedrigschwellige Angebote wie Bürgercafés zur Kontaktaufnahme und zum Abbau von Zugangsbarrieren an. Grundsätzlich haben Einzelakteure in ländlichen Gebieten also Bürgermeister, Vereinsvorsitzende oder lokale Unternehmer eine hohe Deutungsmacht und unmittelbaren Einfluss auf die Meinungsbildung der Bevölkerung. Ihre Haltung gegenüber Fremden hat einen deutlich größeren Einfluss auf die Bereitschaft der Bewohner/innen, Zuwanderer/innen zu integrieren als in Städten. Ein Motor von Integrationsbemühungen der Bevölkerung sei auch, Konflikte vor Ort vermeiden zu wollen. Allerdings sei das interkulturelle Bewusstsein der Verwaltungen im ländlichen Raum wenig ausgeprägt.[31]

Nachteile der kleinstädtischen und dörflichen Ballungsräume sind die infrastrukturellen Schwächen, daher sind ländliche Wohngebiete langfristig wenig attraktiv für Zuwanderer/innen. Die Mobilitätsanforderungen und -kosten sind hoch, Infrastruktur- Beratungs- und Bildungsangebote können nur eingeschränkt genutzt werden.[32] Hinzu kommt, dass aufgrund der geringen Vielfalt an Angebote die Flexibilität stark eingeschränkt ist. In ländlichen Räumen gelingt ferner auch der Zugang zum Arbeitsmarkt deutlich schlechter. Dies gilt insbesondere für Frauen.[33] Durch die stark handwerklich geprägte Wirtschaftsstruktur

Nachbarschaftshilfe in ländlichen Gebieten

sind Frauen auf dem Arbeitsmarkt deutlich benachteiligt und es gibt generell geringere Chancen, die Potentiale von Flüchtlingen weiterzuentwickeln und wertzuschätzen. Zudem nehmen die Bemühungen der Kommunen zur Förderung von Migrant/innen bei der Wahrnehmung von Bildungsangeboten (z. B. Lotsen) mit dem Anteil von Migrant/innen ab.

Neben strukturellen Hindernissen können in ländlichen Gebieten auch spezifische soziale Prozesse die Integration erschweren. Der Anpassungsdruck ist in ländlichen Gemeinschaften insgesamt deutlich höher und die Sichtbarkeit erhöht ferner die soziale Kontrolle und kann zu Ausgrenzungsprozessen führen. Verstärkt wird dies durch die in der Regel konservativen Milieus, die Abweichungen von Normerwartungen eher nicht tolerieren. Gemeinschaften sind in ländlichen Gebieten oftmals von einer geringen Durchlässigkeit für Fremde gekennzeichnet zu denen Zugezogene generell keinen Zugang finden.[34] Hinzu kommt eine latente Fremdenfeindlichkeit, die für ländliche Gebiete verstärkt konstatiert werden kann und eine Kultur des Herunterspielens von Rassismus und Rechtsextremismus.[35]

Strukturelle Hindernisse in ländlichen Gebieten

Im Überblick zeigen sich die Chancen und Hindernisse einer Integration von Flüchtlingen im Stadt/Land-Überblick folgendermaßen dar:[36]

Städtischer Raum	
Potentiale	Restriktionen
Zugang zum öffentlichen Nahverkehr, zu Kommunikationstechnologie, medizinischer und psychologischer Versorgung sowie Vielfalt an Beratungs- und Bildungsangeboten, Zugang zum Arbeitsmarkt	Knapper Wohnraum und ggf. Unterbringung an der Peripherie oder in benachteiligen Stadtgebieten
Hoher Anteil an Kommunen mit einer strategisch ausgerichteten kommunalen Handlungsstrategie	
Grad an Vernetzung gesellschaftlicher, politischer und wirtschaftlicher Akteure zur Förderung der Integration hoch	Hohe Belastung der Akteure durch Beteiligung an einer Vielzahl von Gremien
Hoher Anteil an Kommunen mit Ansätzen zur interkulturellen Öffnung der Verwaltung	Finanzlage der Kommunen schränkt das Vorantreiben der interkulturellen Öffnung ein, insbesondere, wenn der Anteil der Migrant/innen an der Wohnbevölkerung niedrig ist
Hoher Anteil an Kommunen, die die Selbstorganisation von Migrant/innen fördern	Förderung der Selbstorganisation von Migrant/innen hängt vom Anteil der Migrant/innen an der Wohnbevölkerung ab
Hoher Anteil an Kommunen, die Migrant/innen bei der Wahrnehmung von Bildungsangeboten unterstützen (z. B. Lotsen)	Finanzielle Restriktionen, Schwierigkeiten bei der Vernetzung und Steuerung der Angebote
Hoher Anteil an Kommunen, die Maßnahmen zur beruflichen Integration von Migrant/innen vorhalten	Je niedriger Arbeitslosenquote, desto geringere Bemühungen zur Entwicklung von Maßnahmen zur beruflichen Integration von Migrant/innen
Hoher Anteil an Städten und Gemeinden, die Förderinstrumente für benachteiligte Quartiere vorhalten	Durchsetzungschancen der Interessen von Migrant/innen nicht immer gegeben
Vielfalt vorhandener Gelegenheitsstrukturen in den Bereichen Freizeit, Sport, Kultur, Religion, Vereine und Neigungsgruppen sowie durch Gruppen mit Migrationshintergrund getragene Angebote	Segregation in Zuwanderungsquartieren und migrantenspezifischen Angeboten
Heterogenere Zusammensetzung der Bevölkerung (kulturell, sozial, ethnisch),	Gefahr, dass dezentral untergebrachte Flüchtlinge aus dem Blick geraten
Vorhandenes und mobilisierbares zivilgesellschaftliches Potential (z. B. Organisationen und Zusammenschlüsse in der Flüchtlings- und Integrationshilfe)	
Zugang zu Communities mit Brückenfunktionen	
Vorhandensein von Antidiskriminierungsstellen, hohes zivilgesellschaftliches Potential	

Ländlicher Raum	
Potentiale	**Restriktionen**
Vorhandener Wohnraum (auch in Dorfkernen), Schulen als zentrale Integrationsorte	Eingeschränkte Mobilität, beschränkte Beratungs- und Bildungsangebote und fehlende Therapiemöglichkeiten, schlechtere Zugänge in den Arbeitsmarkt, insbesondere für Frauen
Demographische Herausforderungen erhöhen Handlungsdruck für die Entwicklung einer Strategie	Geringerer Anteil an Landkreisen und Gemeinden mit einer strategisch ausgerichteten Handlungsstrategie
Face-to-face Kontakte gegeben	Grad an Vernetzung gesellschaftlicher, politischer und wirtschaftlicher Akteure zur Förderung der Integration hoch
Die geringere Zahl an Beschäftigten in Gemeinden lässt zügige Fort- und Weiterbildung zu	Niedriger Anteil an Landkreisen und Gemeinden mit Ansätzen zur kulturellen Öffnung der Verwaltung
Möglichkeit, verlässliche Ansprechpartner/innen zu finden, da face-to-face-Kontakte gegeben sind	Sehr geringer Anteil an Gemeinden, die die Selbstorganisation von Migrant/innen fördern
	Niedriger Anteil an Kommunen, die Migrant/innen bei der Wahrnehmung von Bildungs-angeboten unterstützen (z. B. Lotsen)
Handwerklich geprägte Wirtschaft	Geringer Anteil an Gemeinden, die Maßnahmen zur beruflichen Integration von Migrant/innen vorhalten
Geringere wohnräumliche Segregation, Akzeptanz traditioneller Lebensformen	Geringer Anteil an Landkreisen und Gemeinden, die Förderinstrumente für benachteiligte Quartiere
Sind Zugänge in Vereine gegeben, dann entwickeln sie hohe Bindungskraft (Sportvereine)	Geringere Angebotsvielfalt an Integrationsangeboten, geringer Selbstorganisationsgrad von Migrant/innen, fehlender Anschluss an Mitglieder der Herkunfts-Community
Ausgeprägtes Vereinsleben und aktive Kirchengemeinden bergen hohe Integrationspotentiale	Homogene Zusammensetzung der Bevölkerung, geringere interkulturelle Kompetenz
Tradition der Nachbarschaftshilfe	Höherer Anpassungsdruck und größeres Sanktionspotential
Schlüsselpersonen mit bedeutender Vorbildfunktion als Motoren der Integrationsprozesse	Abwehrhaltung der örtlichen Bevölkerung und geringere Durchlässigkeit tradierter Strukturen
Wunsch nach konfliktarmem Zusammenleben	Kultur der Negierung von rassistischen und rechtsextremen Strömungen

Die Befunde zeigen, dass eine systematisch und von der kommunalen Verwaltung aktiv betriebene Förderung der Integration von Migrantinnen in urbanen Ballungsräumen eher gegeben ist als in ländlichen Regionen, insbesondere dann, wenn der Anteil von Migrant/innen an der Wohnbevölkerung gering ist. Städte können daher vorhandene Strukturen für die Integration von Flüchtlingen adaptieren. Allerdings geht hiermit auch eine Einschränkung der Flexibilität einher. Ob sich eine kommunale Flüchtlingspolitik als eigenständiges Handlungsfeld entwickelt, kann noch nicht vorausgesehen werden. Ländliche Regionen betreiben in weitaus geringerem Maß in systematischer Form eine Förderung der Integration von Migrant/innen. Die demographischen Herausforderungen in ländlichen Räumen könnten jedoch in Kombination mit dem Zuzug von Flüchtlingen ein Motor zur Erhöhung dieser Bemühungen sein.[37]

Anmerkungen

25 Vgl. Difu 2015.

26 Vgl. Burkert/Kindermann 2008, S. 11.

27 Vgl. Häußermann/Siebel 2001.

28 Vgl. Straßburger 2001, S. 236.

29 Vgl. Kirchhoff 2015, S. 13.

30 Vgl. Aumüller/Gesemann 2014, S. 109.

31 Vgl. Aumüller/Gesemann 2014, S. 16.

32 Kirchhoff 2015, S. 13.

33 Westphal/Behrensen 2008.

34 Kirchhoff 2015, S. 13.

35 Vgl. Burschel 2010, S. 64.

36 Der Überblick erhebt keinen Anspruch auf Vollständigkeit und ist eine Zusammenführung der Informationen aus der Studie von Gesemann/Roth/Aumüller und den Aussagen der interviewten Expert/innen.

37 Vgl. Aumüller/Daphi/Biesenkamp 2015, S. 102ff.

Einschätzung der Expert/innen
zur Situation vor Ort

Alle befragten Expert/innen schätzen die Situation bei der Flüchtlingsaufnahme als große Herausforderung ein, die Kommunen
und zivilgesellschaftliche Akteure jedoch sehr gut meistern. Sie
können aus ihrer Sicht keine Anzeichen dafür erkennen, dass die
Stimmung in der Bevölkerung kippt. Das ist eine interessante
Einschätzung, die sich nicht mit den Ergebnissen von Trenda-
nalysen zum Ende des Jahres 2015 deckt. So meldete der ARD
Deutschlandtrend auf der Basis einer Umfrage von Infratest
Dimap Anfang Oktober, dass 51 % der Bevölkerung Angst vor
dem vermehrten Zuzug von Flüchtlingen hätten, und auch der
Anteil der Menschen, die eher Nachteile in der Zuwanderung
erkennen können, um elf Prozentpunkte auf 44 % zugenom-
men habe. Sie deckt sich ebenso nicht mit den europaweiten
Erfahrungen, die nachzeichnen, dass Immigrationsthemen die
entscheidende Mobilisierungsgrundlage für rechtspopulistischer
Parteien sind[40] oder mit den Analysen der z. B. Friedrich Ebert
Stiftung, die Rassismus als „Einstiegsdroge" zum Rechtsextremismus identifizieren und regelmäßig nachzeichnen können,
dass fremdenfeindliche und abwertende Einstellungen breit in
der Mitte der Gesellschaft verankert sind.[39]
   Eine Erklärung für diesen Umstand ist in der Tatsache zu
sehen, dass die Expert/innen in der Regel eine Nähe zur aktiven
Flüchtlingshilfe haben. In ihrem Blickfeld stehen insbesondere
das unerwartet hohe Engagement der Bürger/innen und die
zahlreichen aktiven Bemühungen auf Seiten der Kommunen und
Verwaltungen, Hilfen und Angebote auf die Beine zu stellen. In
diesen Initiativen identifizieren sie eine gesellschaftliche Veränderung hin zu mehr Menschenrechtsorientierung, Offenheit und

Akzeptanz von Vielfalt.[40] Die Zivilgesellschaft sei besser aufgestellt als noch in den 1990er Jahren, handle aktiv, einfallsreich und achtsamer gegenüber Rassismus und Rechtsextremismus.[41]

Politisch Verantwortliche und Akteure der Strafverfolgungsbehörden formulieren in den Interviews deutlich klarer schwierige Situationen. Sie benennen Probleme beim Namen und weisen auch auf latente und manifeste Formen der Ablehnung von Zuwanderung hin. Aber auch sie kommen im Allgemeinen zu keiner grundsätzlich anderen Einschätzung. Bei allen Problemen, die angesichts der hohen Herausforderungen bestehen, sei die gegenwärtige Lage als gut einzuschätzen und drohe nicht zu kippen.

Insgesamt zeichnet sich damit ab, dass die Bewältigung der aktuellen Situation die Anstrengungen aller Akteure bindet. Diese an sich positive Entwicklung hat allerdings auch eine Kehrseite. Ablehnende Haltungen in der Bevölkerung, zunächst latent und dann in sozialen Medien offen formulierter Widerstand von Bürger/innen oder auch die durchaus vorhandenen Aktionen zur Mobilisierung gegen Flüchtlinge rechter Gruppierungen rücken aus dem Blickfeld. Solange sich vor Ort kein manifester Antiflüchtlingsprotest formiert, wird die Situation als „gut" bewertet. In diesem Fall formulieren Expert/innen keine Notwendigkeit zum Handeln. Präventiv ausgerichtete Maßnahmen scheinen derzeit weniger im Blickfeld zu stehen, zudem scheint es, dass keine Kapazitäten dafür bereitstehen, sie werden somit zu einer nachrangigen Aufgabe.[42]

Welche Erfahrungen und Haltungen entstehen bei den Akteuren?

Eine zweite Auffälligkeit, die sich über die Aussagen aller interviewten Expert/innen abzeichnet ist, dass die Integration von Flüchtlingen im ländlichen Raum als einfacher eingeschätzt wird als in städtischen Kontexten. Die zumeist dezentrale Unterbringung, die sehr persönlichen Formen der Nachbarschaftshilfe sowie die unausweichlichen Begegnungsmöglichkeiten, die kleine Ortschaften mit sich brächten, seien gute Bedingungen für die

Integration der ankommenden Menschen. Mit der Beschrei-
bung dieser Bedingungen geht auch die Einschätzung einher,
dass Integration im ländlichen Raum beiläufig erfolge, in den
Schulen, den Vereinen oder in den
Straßenzügen bzw. Ortskernen, in **Hat die Ökonomie Einfluss**
denen Flüchtlinge oftmals unterge- **auf die Integrationschancen?**
bracht sind. Die Notwendigkeit zur
Erarbeitung von Integrationskonzepten für Flüchtlinge wird für
den städtischen, nicht aber für den ländlichen Raum formuliert.

Zentrale Restriktionen bei der Ausgestaltung von integrations-
fördernden Initiativen aufgrund der finanziellen Haushaltslage
der Kommunen werden von den Expert/innen nicht angeführt.
Zum einen werde die Mehrzahl der Projekte und Aktivitäten von
ehrenamtlich engagierten Menschen kostengünstig vorgehalten
und zum anderen ließen sich auch kostenintensive Maßnahmen,
wie z. B. die Ausweitung des ÖPNV oder die Beauftragung von
Sicherheitsdiensten, derzeit auch für Kommunen, die Haus-
haltsrestriktionen unterliegen, politisch durchsetzen. Informationen darüber, welchen genauen Einfluss die ökonomischen
Bedingungen in Kommunen auf die Integrationschancen von
Flüchtlingen haben, liegen nur sehr eingeschränkt vor, sie werden
aber als förderliche Rahmenbedingung gewertet.[43]

Mehrere Expert/innen betonen, dass integrationsfördernde
Maßnahmen für Flüchtlinge realistischer Weise erst dann zum
Tragen kommen könnten, wenn die Menschen aus den Erstaufnahmeeinrichtungen ausziehen können. Flüchtlinge bräuchten
nach ihrer Ankunft in den Kommunen zunächst eine Phase des
„zur Ruhe Kommens". Zu diesem Zeitpunkt sei es vor allem
wichtig, Gastfreundschaft zu zeigen. Erst bei einer längeren
Verweildauer in den Aufnahmeeinrichtungen seien dann auch
Orientierungshilfen z. B. im Stadtteil, eine erste Heranführung
an die deutsche Sprache oder Angebote an Freizeitaktivitäten ggf.
hilfreich. Flüchtlinge von Anbeginn an mit einer Vielzahl von
Angeboten in den Erstaufnahmeeinrichtungen zu konfrontieren,
hieße auch, die Menschen mit Anforderungen zu konfrontieren,

die sie zu diesem Zeitpunkt überfordern können.[44] Die Verweildauer in den Erstaufnahmeeinrichtungen schätzen die Expert/
innen sehr unterschiedlich ein. Einige sprechen von knapp zwei
Monaten für Flüchtlinge mit einer Bleibeperspektive, andere
wiederum sehen selbst die vorgeschriebene Verweildauer von
max. sechs Monaten nicht gewährleistet.

Über alle Akteure hinweg lassen sich folgende kommunale
Handlungsebenen identifizieren, die aktuell als relevant eingeschätzt werden, damit eine Integration von Flüchtlingen gelingt:

• **Frühzeitige Planungen:** Die Unterbringung, Betreuung
  und wohlwollende Aufnahme von Flüchtlingen gelingt
  dort am besten, wo verantwortliche Akteure bereits vor der
  Zuweisung und Ankunft der Flüchtlinge in der Kommune
  unterschiedliche Möglichkeiten der Unterbringung ausloten
  und hierbei ggf. auch die Bevölkerung bzw. einschlägige Organisationen aktiv einbeziehen. Ebenso sind eine frühzeitige
  Kontaktaufnahme zu zivilgesellschaftlichen Akteuren, die
  sich in der Flüchtlings- und Integrationsarbeit engagieren
  und eine vorausschauende Klärung der möglichen Unterstützungsleistungen hilfreich. Ein solches Vorgehen vermittelt
  Handlungssicherheit und bietet Bürger/innen Ansätze zur
  aktiven Beteiligung. Voraussetzung hierfür ist allerdings eine
  frühzeitigere Information der Kommunen über die Verteilung,
  um Planungssicherheit zu schaffen.
• **Angemessene Unterbringung:** Die Expert/innen sind sich
  darin einig, dass die angemessene Unterbringung der Flüchtlinge einen hohen Einfluss auf die Akzeptanz der Bevölkerung
  hat. Eine dezentrale Unterbringung, möglichst in kleinen
  Wohneinheiten und Gemeinschaftunterkünfte mit max. 50
  Bewohner/innen gelten als anzustrebender Standard.[45] In
  ländlichen Gebieten lassen sich diese Standards derzeit zwar
  nicht flächendeckend, aber dennoch besser realisieren als in
  Städten. Aktuell lässt sich feststellen, dass auch in Kommunen,
  in denen bislang eine rein dezentrale Unterbringung gelang,

inzwischen aufgrund der hohen Zahl an ankommenden Flüchtlingen auch andere Formen der Unterbringung (in großen Gemeinschaftsunterkünften, Hotels, Turnhallen, Zelten etc.) notwendig geworden sind. Die Unterbringung an Stadträndern ist mit großen Mobilitätsproblemen für Flüchtlinge und Unterstützer/innen verbunden, Konflikte seien hier oftmals vorprogrammiert.

- **Stabsstellen in Verwaltungen**: Die Unterbringung und Versorgung der Flüchtlinge stellt Verwaltungen vor neue Herausforderungen. Hier ist es nach Meinung der Expert/innen notwendig, Verantwortliche zu benennen und für eine möglichst reibungslose Zusammenarbeit der Ressorts Sorge zu tragen. Hierzu seien Stabsstellen in der Regel die geeignete Organisationsform.

> Was sind die Voraussetzungen für eine gelingende Integration?

Alle involvierten Mitarbeiter/innen der Verwaltung sollten über die Abläufe gut informiert sein und ggf. durch die Verwaltungsspitze dazu aufgefordert werden, die Mitarbeiter/innen der Stabsstellen tatkräftig zu unterstützen. Es gälte zu bedenken, dass die Mehrzahl der Beschäftigten in den Verwaltungen über keine dezidierten Erfahrungen in der Arbeit mit Flüchtlingen verfügt. Daher sollte bei der Besetzung der Leitungen der Stabsstellen auf die Qualifikation geachtet werden und auch Fortbildungen für Leitungen und Mitarbeiter/innen seien einzuplanen. In städtischen Kontexten sind auch diese Strukturen leichter einzurichten als in den kleinen Gemeinden in ländlichen Räumen. Dort fällt die Mehrzahl der zu bewältigenden Aufgaben den Bürgermeister/innen und ihrem begrenzten Mitarbeiter/innenstab zu. Zudem seien in Hessen weder die Verantwortlichkeiten zwischen Landkreisen und Gemeinden, noch die umfängliche Weiterleitung der finanziellen Ressourcen ausreichend geklärt.[46]

- **Koordination des Ehrenamtes**: Der Koordination des Ehrenamtes kommt nach Meinung aller Expert/innen eine

Schlüsselfunktion zu. Sie stellt einerseits sicher, dass alle
möglichen und notwendigen Unterstützungsleistungen organisiert werden können, dass Know-how geteilt werden kann,
dass Reibungsverluste und Überschnei-

Warum das Ehrenamt
eine Schlüsselposition in
dem Prozess einnimmt

dungen vermieden werden, dass eine
bedarfsgerechte Hilfe geleistet werden
kann sowie, dass Überforderungen
möglichst ausbleiben. Die Koordination
erfolgt entweder über zuständige Mitarbeiter/innen in den
Verwaltungen oder über die Wohlfahrtsverbände. Der Vorteil
liegt u. a. auch darin, dass die Bedarfe der Unterstützer/innen
schneller erkannt werden und entsprechende Maßnahmen zu
ihrer Unterstützung gestaltet werden können.

- **Angemessene Kommunikationsstrukturen:** Zur Sicherstellung einer transparenten Kommunikation und Absprache der
staatlichen und zivilgesellschaftlichen Akteure haben nahezu
alle Städte und Landkreise sog. Runde Tische installiert.
Sie dienen der Reflexion der aktuellen Situation sowie der
Absprache zwischen den unterschiedlichen staatlichen und
zivilgesellschaftlichen Akteuren. Eine gute Kommunikati-
onsstruktur ist aus der Sicht der Expert/innen allein jedoch
nicht ausreichend, es bedarf auch einer neuen Kommunika-
tionskultur, das heißt eines Austausches auf Augenhöhe. Zur
Sicherstellung einer gelingenden Kommunikation ist auch
regelmäßig zu prüfen, ob alle notwendigen Partner/innen, wie
z. B. die Betreiber/innen der Unterkünfte und Vertretungen
der Asylsuchenden, angemessen beteiligt sind.

- **Kooperation mit der Polizei:** Auch wenn Verantwortliche der
Polizeidirektionen betonen, dass ihnen keine aktive Rolle in
der Integration von Flüchtlingen zukommt, so ist die Polizei in
Kommunen durchaus ein wichtiger Partner vor Ort. Expert/
innen sehen sie als wichtigen Akteur, wenn es z. B. darum geht,
Bürger/innen sachlich zu informieren und aufzuklären. Die
regelmäßige Beteiligung der Polizei bei Bürgerversammlungen
wird von den Beamt/innen hingegen eher kritisch diskutiert,

da diese auch den Eindruck vermitteln kann, zur Aufnahme und Betreuung von Flüchtlingen sei die Mithilfe der Sicherheitsbehörden notwendig. Polizeibeamte berichten ferner, dass sie in der Bevölkerung auf Misstrauen stoßen. Sie werden regelmäßig mit dem Vorwurf konfrontiert, nicht die volle Wahrheit zu sagen. Seit einigen Monaten führt die hessische Polizei auch Aufklärungsmaßnahmen für Flüchtlinge durch. Beamte informieren in Unterkünften in mehreren Modulen über die Aufgaben und Rolle der Polizei sowie u. a. auch über Salafismus und Anwerbestrategien radikalislamischer Gruppierungen.

Anmerkungen

38 Vgl. Lochocki 2012.

39 Vgl. Universität Leipzig 2013.

40 Vgl. Aumüller/Daphi/Biesenkamp 2015, S. 131.

41 Vgl. Amadeo Antonio Stiftung/Pro Asyl 2014, S. 29f.

42 In einem Standort legt die Reaktion der angefragten Interviewpartner die Interpretation nahe, dass das Sprechen über Konflikte zwischen der ortsansässigen Bevölkerung und Flüchtlingen als Strategie zur Deckelung der Probleme verstanden wird. Die Interviewanfrage bei einer lokalen Organisation der Flüchtlingshilfe wurde rundweg abgelehnt. Man hätte keine Probleme und selbst wenn man welche hätte, würde man mit diese mit einem externen Interviewpartner nicht besprechen. Dies hieße die Probleme heraufzubeschwören.

43 Vgl. Aumüller/Gesemann 2014, S.26.

44 Daher existieren in der Fachwelt gegenläufige Einschätzungen (Robert Bosch Stiftung). Da häufig die Verweildauer in Erstaufnahmeeinrichtungen doch länger ist als angestrebt, sollen erste Maßnahmen des Spracherwerbs oder der beruflichen Orientierung bereits dort greifen, auch um lange Phasen der erzwungenen Untätigkeit zu vermeiden.

45 Vgl. Landkreis Gießen 2015.

46 Vgl. Hessischer Städte und Gemeindbund 2015.

Förderliche Handlungsaspekte in Kommunen, damit die „Stimmung nicht in Richtung Flüchtlingsfeindlichkeit kippt"

Im Folgenden werden die Aspekte vorgestellt, die sich auf der Basis der Auswertungen der Expert/innen-Interviews und des Forschungsmaterials als förderlich erweisen, wenn es darum gehen soll, einer flüchtlingsfeindlichen Stimmung bei den Bürger/innen vorzubeugen.

Grundsätzlich sei an dieser Stelle darauf hingewiesen, dass ein Klima der Offenheit, der Vielfalt und des Respekts nicht erst mit der Ankunft von Flüchtlingen vor Ort geschaffen wird, sondern sich insbesondere dort gut entwickeln kann, wo eine plurale und lebendige demokratische Kultur gelebt wird und wo Migrant/innen – ohne dass man dies gesondert erwähnen muss – Teil dieser Kultur sind. Aktuell zeigen sich im Engagement für Flüchtlinge die hohen Potentiale, die der Zivilgesellschaft innewohnen. Diese zu stärken und zu fördern sowie gegen demokratiefeindliche Bestrebungen zu verteidigen ist ebenso wichtig, wie gezielte Angebote und Maßnahmen zur Förderung der Integration von Flüchtlingen vorzuhalten.

Auf die politisch Verantwortlichen kommt es an!

Bei der Aufnahme, Unterbringung und Versorgung von Flüchtlingen sind politisch verantwortliche Akteure vor Ort, also (Ober)
Bürgermeister/innen, Landrät/innen aber auch Parlamentsvertreter/innen, zunächst oftmals vor große logistische Herausforderungen gestellt. Dennoch ist es von Anbeginn an wichtig, dass politische Akteure erkennen, dass sie nicht nur für die z. T. sehr kurzfristig zu bewältigende Organisation der Unterbringung und Versorgung der Menschen verantwortlich sind, sondern darüber hinaus viele Aufgaben einer aktiven Gestaltung bedürfen. Ebenso wichtig ist es, die notwendigen Rahmenbedingungen in der Verwaltung zu etablieren, der Engagementbereitschaft von Ehrenamtlichen Impulse zu geben und einen organisatorischen Rahmen zu schaffen, sich mit den Argumenten von besorgten Bürger/innen auseinanderzusetzen.[47] Es ist daher notwendig, dass politische Akteure ihre Rolle und Aufgaben im Prozess der Integration in allen Facetten umfassend erkennen, reflektieren und gestalten. Expert/innen, die das Handeln der Bürgermeister/innen vor Ort als hilfreich und richtungsgebend bewerten, beschreiben sie als Akteure, die sich umfassend kümmern und alle notwendigen Prozesse aktiv voranbringen.

Bürgermeister/innen und Landrät/innen müssen Haltung zeigen

Gerade wenn es um die Akzeptanz der Unterbringung neu ankommender Flüchtlinge, die Lösung auftretender Probleme oder die Motivierung zum Engagement in der Flüchtlingshilfe und für eine langfristige Integration von Flüchtlingen geht, sind die Präsenz, die authentische Haltung und die richtungsweisende Vorgabe der politisch verantwortlichen Akteure ausschlaggebend für die Stimmung, die sich bei der Bevölkerung ausprägt. Bürgermeister/innen und Landrät/innen müssen daher den befragten Expert/innen zufolge eine klare, sichere und integere Haltung einnehmen, Verantwortung zeigen und diese gegenüber der Bevölkerung überzeugend vertreten. Je überzeugender politische Akteure ihre eigene demokratische Werthaltung vermitteln, je persönlicher sie ihre Haltung darstellen können, desto geringer ist die Gefahr, dass ablehnende und ggf. auch ausländerfeindliche und rassistische Stimmen frühzeitig Oberhand über den öffentlichen Diskurs erhalten. Gleichzeitig ist es Aufgabe, Gerüchte aktiv einzudämmen und richtigzustellen oder sich bei Bedarf rechtspopulistischen oder gar rechtsextremen Organisationen entgegenzustellen, um der Bevölkerung den notwendigen Rückhalt zu geben.

„Und dann ist tatsächlich wichtig, welche Haltung nehmen die ein, die als Verantwortliche sprechen. Geben die mit ihrer Haltung Halt und wird aufgefordert – weil das jetzt das ist, was wir gemeinsam zu tun haben – die neu Ankommenden zu unterstützen." (INT9_43)

Auf diese Aufgabe sind Bürgermeister/innen nicht immer gut vorbereitet. Es hat sich aber in der Praxis gezeigt, dass eine bewusste und ggf. angeleitete Reflexion der eigenen Haltung, etwaiger Unsicherheiten sowie der persönlichen Bezüge und Werthaltungen hilfreich ist, um in der Kommunikation mit den Bürger/innen Klarheit und Handlungssicherheit zu vermitteln. Bürgermeister/innen, die sich hingegen selbst als Opfer der Zuweisungspraxis darstellen und z. B. darüber klagen, dass sie „überrumpelt" wurden, signalisieren Unsicherheit und geben Bürger/innen wenig Vertrauen in die Gestaltungsfähigkeit von Integrationsprozessen.

Idealerweise sollte zudem regelmäßige Treffen zwischen den Bürgermeister/innen und Landrät/innen stattfinden, um Erfahrungen und mögliche Handlungsoptionen auszutauschen.

Gut vorbereitet überzeugen und zum Engagement motivieren

Alle Expert/innen berichten, dass sie gute Erfahrungen mit sorgfältig vorbereiteten Bürgerversammlungen als Instrument der Willkommenskultur gemacht haben. Sie sind ein gutes Vorgehen um Transparenz herzustellen, den Dialog zwischen Politik und Bürger/innen in Gang zu setzen, Zuversicht zu vermitteln und zum aktiven Handeln anzuregen. Bewohner/innen fühlen sich weniger übergangen, wenn sie auf Bürgerversammlungen informiert wurden, es formiert sich seltener ein offener und aktiver Widerstand gegenüber Flüchtlingen.[48]

Die Informationen, die auf Bewohner/innenversammlungen ausgetauscht werden, sind in der Regel sehr praxisnah und auf das Geschehen vor Ort fokussiert. Hier sollten neben den politisch verantwortlichen Akteuren auch die jeweils zuständigen Verwaltungsvertreter/innen regelmäßig anwesend sein. Unerlässlich ist die Beteiligung der zivilgesellschaftlich engagierten Organisationen und Gruppen, die durch ihre Arbeit die Situation vor Ort am besten kennen und vertreten können.

Auf diesen Versammlungen müssen politisch Verantwortliche, i.d.R. unterstützt durch lokal kundige Expert/innen, umfassend über die Situation vor Ort informieren und Gesprächspartner/innen für die Bürger/innen sein. Diese Versammlungen sind daher gut vorzubereiten, benötigen Regeln und ggf. auch eine geplante Dramaturgie.

Im Rahmen der Vorbereitung müssen sich Bürgermeister/innen vor öffentlichen Versammlungen gut informieren. Sie benötigen Standfestigkeit in juristischen und menschenrechtlichen Fragen zu Flucht und Asyl, sie müssen die Situation und Bedürfnisse von Flüchtlingen nachvollziehen können, über Know-how zu Hilfsstrukturen verfügen und Handlungsmöglichkeiten kennen. Außerdem müssen sie mögliche Bündnispartner/innen aus der Zivilgesellschaft gut einschätzen und absehen, welche Probleme auftreten können. Gerade wenn rechte Organisationen und eine potentiell rechtspopulistische Wählerschaft vor Ort existieren, ist es unabdingbar, die Akteure und ihre Positionen zu kennen und aktive Maßnahmen zu planen, um Wortergreifungsstrategien zu verhindern. So ist z. B. zu prüfen, ob Mitglieder rechter Gruppierungen Zutritt zu den Bürgerversammlungen erhalten, dass Kommunikationsregeln aufgestellt sind, dass bei den tragenden Akteuren Einigkeit über die Ziele der öffentlichen Veranstaltung besteht und für eine professionelle Moderation durch vor Ort akzeptierte Personen gesorgt ist.[49]

Dennoch bleibt die Führungsrolle politischer Akteure in solchen Ausgangssettings ausschlaggebend:

„Der Bürgermeister, die Bürgermeisterin selber muss vorne stehen und muss mit dem Eingangsstatement die Regeln klar machen, den Fokus klar machen und die Eigenhaltung zeigen." (INT7_32)

Die Positionierung der politisch Verantwortlichen erschöpft sich allerdings nicht in einem Eingangsstatement bei Auftaktveranstaltungen. Es kommt auch im Verlauf der weiteren Integrationsprozesse darauf an, dass politisch Verantwortliche den Diskurs mit den Bürger/innen fortsetzen und die Zielsetzungen der kommunalen Integrationspolitik nach außen vermitteln. Politisch Verantwortliche müssen fortwährend präsent und argumentationsfähig sein und nicht nur dann in Erscheinung treten, wenn es darum geht, den Bürger/innen Entscheidungen mitzuteilen oder sich zuspitzende Probleme abzuwenden. Ein wahrnehmbares dauerhaftes Interesse der politisch verantwortlichen Akteure an den Entwicklungen vor Ort ist die notwendige Grundlage dafür, dass sich bei Bürger/innen eine vertrauensvolle Grundstimmung aufbauen kann.

Neben den regelmäßigen Bürger/innen- bzw. Anwohnerversammlungen bietet sich daher an, z. B. Bürgerbriefe per Posteinwurf an die Haushalte zu versenden, regelmäßig aktualisierte Statements auf die Homepage der Kommunen und Landkreise einzustellen, Bürgersprechstunden abzuhalten oder auch Kolumnen in der Tagespresse zu veröffentlichen.[50]

Insgesamt bedarf es in jedem Fall einer Strategie der gezielten inhaltlichen Vorbereitung von Kommunikationsstrategien mit den Bürger/innen. Je näher die Politik an den jeweiligen Bedarfen, Problemen und Potentialen der Bürger/innen und Flüchtlinge vor Ort ist, desto wahrscheinlicher ist es, dass Betroffene sich ernstgenommen und angesprochen fühlen. Dies setzt voraus, dass politische Akteure in Kommunen über ein gutes Informationssystem verfügen.

Die Kommunikation mit den Flüchtlingen ausbauen

Noch wenig in den Blick genommen sind bislang die Kommunikation zwischen politischen Akteuren und den Flüchtlingen selbst. Zwar weisen Expert/innen darauf hin, dass einzelne Bürgermeister/innen Flüchtlinge persönlich willkommen heißen oder sich regelmäßig vor Ort in den Unterkünften über die Lebenssituation der Flüchtlinge informieren und somit Präsenz und Interesse zeigen, dennoch kommt es auch immer wieder vor, dass Bürgermeister/innen Handlungsunsicherheit im Kontakt mit Flüchtlingen zeigen. Gelegentlich werden grundlegende Fehler begangen, so z. B. wenn Orientierungshilfen als Handlungsanweisungen an Flüchtlinge formuliert werden oder bereits sprachlich „Wir" und „Ihr" Botschaften zementieren.[51]

Wenn aber die Haltung von Bürgermeister/innen und politischen Akteuren Vorbildfunktion hat, so misst sich diese nicht nur in der Art, wie mit ortsansässigen Bürger/innen, sondern auch wie mit Flüchtlingen kommuniziert wird und ihre Anliegen zur Kenntnis genommen werden. Regelmäßige Gelegenheiten zum Austausch schaffen eine Vertrauensebene für Flüchtlinge zur örtlichen Politik, bilden einen wichtigen Grundstein für ein gutes Ankommen vor Ort und motivieren zur aktiven Bewältigung der Integrationsprozesse.

Standfestigkeit und Handlungskompetenz auch bei Bedrohungen bewahren

Es kommt immer wieder vor, dass Bürgermeister/innen für ihre klare Haltung in der Flüchtlingsfrage Bedrohungen ausgesetzt sind. Hier ist es unabdingbar, dass sie Unterstützung erhalten, um als gutes Beispiel vorangehen zu können. Gelingende Einschüchterungsversuche rechtsextremer Akteure wirken sich in der öffentlichen Meinung als Rückschlag für die Demokratie aus und schaffen ein nicht hinnehmbares Klima der Angst und ggf. des Rückzugs von Akteuren aus dem Engagement.[52] Es ist deshalb auch ggf. notwendig, politische – und auch weitere exponierte Akteure – auf solche Situationen vorzubereiten und in ihrem Handeln zu stärken. Als gute Praxis hat sich erwiesen, wenn leitende Angestellte der Polizeipräsidien und -direktionen präventiv Bürgermeister/innen anschreiben, auf grundlegende Verhaltensmöglichkeiten hinweisen und sich als direkte Ansprechpartner/innen anbieten:

> *„Ich hab den Bürgermeistern allen einen persönlichen Brief geschrieben, und da ging es mir einmal darum, was wir so bisher in den neuen Bundesländern hatten, dass die politischen Verantwortungsträger angegangen werden und bei den Bürgermeistern, ich kenne die ja so ein bisschen, da ist der eine oder andere auch so, der sagt, ach das macht mir überhaupt nichts aus, wenn da so eine Email kommt, und auch meine Familie wird bedroht, ja das schmeiß ich in den Papierkorb, fertig, ja? Aber das sollte man nicht machen und da müssen wir frühzeitig dann uns auch aufstellen."* (INT5_80)

Ferner ist es unabdingbar, auf solche Bedrohungsszenarien mit einer Strategie der breiten politischen und gesellschaftlichen Solidarisierung und rechtsstaatlichen Sanktionen zu reagieren.

Transparent kommunizieren!

„Handeln unter Bedingungen von Unstetigkeit und z. T. auch Ungewissheit", so lässt sich derzeit die Einschätzung der Akteure vor Ort bei der Versorgung, Betreuung und Integration von Flüchtlingen in vielen, insbesondere kleinen Kommunen zusammenfassen. Auch, wenn es bisher aus Sicht der Akteure weitgehend gut gelingt, eine Unterbringung zu organisieren und mit Hilfe des umfassenden bürgerschaftlichen Engagements Angebote der Begleitung und Betreuung anzubieten, so bedingen die oftmals kurzfristige Zuweisung von Flüchtlingen, die unerwartet hohe Zahl von Menschen, die einer Unterbringung und Versorgung bedürfen, sowie die z. T. relative Unerfahrenheit einzelner Gemeinden und Kleinstädte in der Flüchtlingspolitik, dass Situationen ad-hoc pragmatisch bewältigt werden müssen. Aber auch Kommunen, die über Konzepte zur Flüchtlingsaufnahme und -integration sowie eine bewährte Praxis verfügen, können sich durchaus rasch in einer veränderten Situation wiederfinden. So lässt sich z. B. aktuell in Städten eine rein dezentrale Unterbringung der Flüchtlinge kaum bewerkstelligen, daher müssen doch oftmals kurzfristig Großunterkünfte eingerichtet und die Angebote an Unterstützung durch Ehrenamtliche umorganisiert werden.

Es ist davon auszugehen, dass die Flüchtlingsaufnahme in den nächsten Jahren ein aktuelles Thema bleiben wird und dass durchaus immer wieder nicht im Voraus planbare Ereignisse eintreten, die ein hohes Maß an Flexibilität erfordern. Es gibt weder einen vorgefertigten Lösungsweg, der für alle Kommunen gültig ist, noch eine Sicherheit, dass einmal eingeschlagene Wege dauerhaft begangen werden können.

Gerade diese sich stetig verändernde Situation erfordert eine zeitnahe und transparente Information von Bürger/innen aber auch von involvierten staatlichen und zivilgesellschaftlichen Akteuren. Sie ist ein ausschlaggebender Faktor zur Vorbeugung ablehnender Reaktionen.[53]

„Also wie kann ich ressourcenorientiert und Sicherheit vermittelnd sozusagen agieren, ohne eine strukturelle Sicherheit zu haben. Das ist die Herausforderung im Moment. Das sind wir nicht gewohnt. Wir sind gewohnt, da waren wir auch immer gut drauf, relativ schnell Strukturen zu schaffen. Jetzt kann man auch das noch mal kritisch hinterleuchten, aber im Prinzip waren wir da eigentlich immer ganz gut drauf als Gesellschaft. Und das scheint diesmal nicht so einfach zu sein." (INT4_131)

Zuständigkeiten und Ansprechpartner/innen klären

Expert/innen sind sich darin einig, dass die strukturellen Bedingungen der Aufnahme und Versorgung von Flüchtlingen einen Einfluss auf die Haltung der Akzeptanz oder Ablehnung der Bevölkerung haben.

„Also es ist grundsätzlich so, je schlechter die Bedingungen sind, desto schwieriger die Integration. Na, und je besser da die Bedingungen sind, desto einfacher geht's." (INT9_29)

Je besser die Unterbringung aber insbesondere auch Betreuungs- und Integrationsangebote von Anbeginn an organisiert werden können, desto eher lässt sich eine Akzeptanz von Flüchtlingen vor Ort schaffen.[54] Insofern ist es notwendig, möglichst frühzeitig für eine gute Organisation der Unterstützung Sorge zu tragen. Sind grundlegende Verantwortungsbereiche klar benannt, Ansprechpartner/innen ausgewiesen, eine grundlegende Angebotsstruktur aufgebaut und ggf. auch Lücken benannt, so gelingt es einerseits gegenüber der Bevölkerung Handlungssicherheit zu signalisieren und andererseits Wege zur aktiven Mitgestaltung der Integrationsprozesse aufzuzeigen. In der Regel können nicht von Anbeginn an optimale Rahmenbedingungen bereitgestellt werden, es ist aber dennoch nötig, ein organisatorisches Grundgerüst aufzubauen. Hierzu gehört, dass Kommunen eine verantwortliche Person – z. B. die Integrationsbeauftragten – für die Gesamtkoordination der Angebote benennen, Hotlines eingerichtet sind, an die sich Bürger/innen wenden können,

Angebote und Ansprechpartner/innen bekannt gemacht werden und Prozesse der Kommunikation sowohl zwischen den politisch Verantwortlichen und der Bevölkerung als auch zwischen den staatlichen und zivilgesellschaftlich engagierten Akteuren festgelegt sind.

Faktenbasiertes Material bereitstellen, sachgerecht informieren, Vorurteilen begegnen

Wenn Gerüchte und Vorurteile über Flüchtlinge die Runde machen, so ist dies es nach Meinung von Expert/innen einerseits auf die große Unkenntnis der Bedingungen von Flucht und Asyl unter der Bevölkerung zurückzuführen und andererseits auf eine rassistische Meinungsmache, die sowohl an Stammtischen gepflegt wie auch durch Rechte gezielt organisiert wird. In beiden Fällen ist es notwendig, den kursierenden Fehlinformationen mit faktenbasiertem Wissen zu begegnen und Bürger/innen in der Argumentation gegen ausländerfeindliche Parolen zu stärken.[55]

Kommunale Akteure sollten dafür Sorge tragen, dass möglichst viele Bürger/innen einen einfachen Zugang zu Informationen haben und diese gut verstehen können. Hierzu tragen z. B. Informationsbroschüren bei, die an zentralen Orten wie Ämtern und öffentlichen Gebäuden aber auch an gezielten Orten wie z. B. Arztpraxen ausgelegt oder auf der Homepage der Kommune zu finden sind. Auf Bürgerversammlungen sollten Vorurteile und Gerüchte regelmäßig aufgegriffen und von Expert/innen richtiggestellt werden und auch Bürger/innen sollten z. B. mit Hilfe von Argumentationsbroschüren befähigt und darin bestärkt werden, Vorurteilen aktiv entgegenzutreten. Wichtig ist hierbei, nicht nur diejenigen anzusprechen, die ohnehin offen sind, sondern auch gezielte Informationsstrategien für Menschen zu entwickeln, die Informationen nicht aktiv suchen.

Wie wirkt man Fehlinformationen gezielt entgegen?

Es hat sich nach Meinung von Akteuren vor Ort bewährt, wenn den Gerüchten und Ängsten der Bevölkerung mit möglichst konkreten und lokalen Fakten begegnet wird. Je konkreter die

Informationen sind, desto eher gelingt es die Menschen gegen
Vorurteile zu stärken, die sich vor allem Sorgen machen. Hier
kann der Rückgriff auf polizeiliche Informationen oder die
Präsenz von Polizeibeamten, die auf Fragen konkrete Antworten
geben können, hilfreich sein.

> *„Ja, da kommt man dann in Dörfer und man kann sagen, ja ich
> habe mal hier in die Unterlagen geguckt, in ihrem Dorf ist das
> letzte Mal vor einem halben Jahr eingebrochen worden. Ein Ein-
> bruch in einem halben Jahr, ja? Und das fährt das Ganze dann
> wieder ein bisschen runter. [...] Die große Mehrheit, denke ich
> mal, ist sachlichen Argumenten zugänglich. Und da kann man
> was erreichen.“ (INT9_80)*

Eine gezielte Information zur lokalen Situation leisten Kommunen z. B. auch über Sachstandberichte, die regelmäßig ver-
öffentlicht werden.[56]
    Bürger/innen sind aus der Sicht der Expert/innen auch wenig
über die Grundbegriffe, Verfahren und den Rechtsstatus von
Flüchtlingen informiert. Da die komplexen Rahmenbedingungen und Regelungen für Laien nur schwer zu durchschauen
sind, sollten gut aufbereitete Informationen z. B. als FAQs
für die kommunale Ebene bereitgestellt werden.[57] Wichtig
ist hierbei auch, dass die Verantwortungsbereiche und die
Handlungsstrategien aller verantwortlichen Ebenen (Bund,
Land und Kommune) für die Bürger/innen transparent und
nachvollziehbar werden.

Die Bürger/innen differenziert informieren und ansprechen

Wie oben bereits erwähnt, sind Bürger/innenversammlungen ein
bewährtes Instrument, um Transparenz herzustellen.
    Allerdings ist es – insbesondere in größeren Städten – weder
möglich noch dauerhaft notwendig, große Versammlungen
einzuberufen. Auch benötigen nicht alle Bürger/innen dieselben
Informationen, dieselbe Form von Ansprache und ggf. auch

dieselben Beteiligungsoptionen. Es ist daher wichtig, eine differenzierte Informationspolitik zu gestalten und dabei dennoch alle Bewohner/innen im Blick zu behalten.

Unmittelbare Nachbarn von Flüchtlingsunterkünften sind zentrale Unterstützer/innen für die Gestaltung von Integrationsangeboten. Sie sollten regelmäßig persönlich angesprochen werden. Auf diese Weise können z. B. durch eine frühe Information Konflikte vermieden werden, es können aber auch direkte Kontakte zu Flüchtlingen hergestellt werden, die dazu beitragen, Vorurteile oder Hemmnisse abzubauen.

Bürger/innen, die keine unmittelbaren Nachbarn sind, können z. B. durch Informationsabende in größeren zeitlichen Abständen erreicht werden. Hier sind die Themen oftmals andere, geht es weniger um das nachbarschaftliche Alltägliche, sondern oftmals um die Gesamtentwicklungen vor Ort und das übergeordnete gesellschaftliche Klima. Die Bedeutung solcher Informationsabende für die Vorbeugung ablehnender Einstellungen gegenüber Flüchtlingen ist groß, da sowohl Werthaltungen als auch das Demokratieverständnis von Bürger/innen zur Sprache kommen.

Maßnahmen zur Einbeziehung der Bevölkerung

Ein Experte verwies hierbei auf den Prozess der Herstellung von Vergewisserung im Diskurs. Für solche Prozesse bedarf es der Entwicklung geeigneter Formate.

Schließlich gilt es auch die Presseberichterstattung einerseits kritisch in den Blick zu nehmen und andererseits gezielt anzureichern und zu verbessern. Hierzu bedarf es einer geplanten Informationspolitik, eine Expertin berichtete von der nicht realisierten Idee, eine bürgerschaftlich getragene Arbeitsgruppe zur Beobachtung der Berichterstattung und von latenten Diskursen einzurichten und zur Erarbeitung von entsprechenden Verbesserungsvorschlägen.

Direkte Kommunikation mit einzelnen Zielgruppen suchen

Bislang wird die gezielte Ansprache und Information von migrantischen Communities noch zu wenig in den Blick genommen, obwohl auch sie vielfach Nachbarn, ggf. besorgte Bürger/innen oder auch bereits aktiv Helfende sind. Hier sollten Informationswege erweitert werden und geeignete Kooperationspartner wie z. B. muslimische Gemeinden oder Migrantenselbstorganisationen gesucht werden. Bürger/innen, die ehemals nach Deutschland gezogen sind, sollten gleichberechtigte Informations- und Beteiligungschancen haben, daher muss darauf geachtet werden, dass Informationen sie auch erreichen. Ggf. sollte geprüft werden, ob die auf Deutsch bereitgestellten Materialien auch in anderen Sprachen verfügbar sein sollten.

Schließlich sollte auch über aufsuchende Formen der Informationsvermittlung nachgedacht werden. Geschulte Multiplikator/innen können gut geeignet sein, um u. a. Zielgruppen wie Senior/innen, Jugendliche, konservative Milieus, sozial benachteiligte Personengruppen oder auch ggf. Stammtischgruppen gezielt zu informieren und Vorurteile abzubauen.

Eine positive Leitidee formulieren

Um ein gesellschaftliches Klima der Offenheit und aktiven Partizipation für die Integration von Flüchtlingen zu fördern, bietet sich ferner die Entwicklung einer kommunalen Leitidee an.[58] In einem idealerweise partizipativ angelegten Prozess setzen sich die beteiligten Akteure mit der Frage auseinander, „in welchem Ort sie eigentlich Leben wollen."[59] Leitideen erfüllen gleich mehrere Funktionen. Sie sind zunächst eine „wesentliche Voraussetzung für das Entstehen einer Netzwerkidentität und für die Bereitschaft zu gemeinsamen Anstrengungen und zu einer dauerhaften Zusammenarbeit."[60] Leitideen können darüber hinaus auch als Orientierungsrahmen für die kommunalen Akteure aus Zivilgesellschaft, Politik und Verwaltung dienen.

In der Begründung des eigenen Engagements bzw. der argumen-
tativen Auseinandersetzung eignen sie sich als Bezugspunkte
und tragen so zur Entwicklung von Handlungssicherheit bei.
Gleichzeitig können sie als Medium genutzt werden, um Stellung
zu beziehen und die schriftlich formulierten Werte gezielt in die
Öffentlichkeit zu transportieren.[61]

Dabei hat sich in der Arbeit zur Prävention von Rechtsextremismus gezeigt, dass positiv formulierte Leitideen mehrere
Vorteile mit sich bringen. Um für ein möglichst breites Spektrum
(demokratischer) Akteursgruppen als Orientierungsrahmen zu
dienen, „sollten sprachliche Formulierungen und Namensge-
bungen, durch die sich demokratische Gruppen ausgegrenzt fühlen könnten, möglichst vermieden werden."[62] Auch hinsichtlich
der zu entwickelnden Ziele haben sich positive Formulierungen
bewährt. Sie tragen zum inhaltlichen Verständnis bei, lösen ggf.
positive Assoziationen aus und fördern derart die Motivation
der Beteiligten.

Ohne das zivilgesellschaftliche Engagement geht es nicht!

Die Expert/innen berichten durchgängig von einer unerwartet hohen Bereitschaft zum ehrenamtlichen Engagement für Flüchtlinge. Eine Vielzahl von Menschen erklärt sich spontan zu Hilfe bereit, wenn Flüchtlinge und Asylbewerber/innen neu in ihren Ort kommen, z. T. kann aber auch auf bestehende Initiativen der lokalen Flüchtlingshilfe – sei es der Wohlfahrtsverbände oder auch kleinerer Initiativen von Bürger/innen zurückgegriffen werden, die auch vor dem verstärkten Zuzug aktiv waren. In diesem Engagement sehen Expert/innen sowohl eine veränderte gesellschaftliche Haltung der Offenheit, als auch einen zentralen Motor für die Integration von Flüchtlingen.[63]

> *„Denn das ist das, gerade wenn man jetzt schon so lange Flüchtlingsarbeit macht, das ist ja das Besondere an diesem Jahr, dass es ja nicht nur Frau Merkel war, die auf einmal im Sommer einen dramatischen Kurswechsel vollzogen hat, sondern auch in großen Teilen der Bevölkerung es eine ganz andere, nicht in allen, das kann man ja auch gar nicht erwarten, aber doch in vielen eine positive Hinwendung gab. Es war doch ganz anders als in den 90er Jahren, als die Bosnier kamen, als die Kurden kamen. Das war doch ganz anders." (INT6_92)*

Die vier zentralen Säulen des ehrenamtlichen Engagements bestehen aktuell in der Versorgung z. B. bei der Essensausgabe und in den Kleiderkammern, bei der Freizeitgestaltung Kinderbetreuung und Alltagsbegleitung, dem Spracherwerb sowie in der Information. Ehrenamtliche engagieren sich als Paten/innen, Leiter/innen von Spielgruppen, unterstützen bei Kommunikationsproblemen und beim Erlernen der deutschen Sprache und helfen Flüchtlingen dabei, sich im Alltag, im Stadtteil und mit Institutionen zurechtzufinden. Mit diesem Engagement werden persönliche Kontakte hergestellt, Vorurteile abgebaut und auch Einfluss auf die Wahrnehmung von Flüchtlingen im sozialen

Umfeld genommen.[64] Das zivilgesellschaftliche Engagement ist somit nicht nur eine aktive Hilfe für die ankommenden Menschen, sondern gleichzeitig ein klares Eintreten für freiheitliche und solidarische Grundwerte. Allerdings muss auch darauf hingewiesen werden, dass gesellschaftliche Solidarität nicht dem Zweck dient, Missstände im Handeln staatlicher Institutionen auszugleichen und Engagierte auf eine Verbesserung und verbesserte Ausstattung der professionellen Dienste drängen.

Breites zivilgesellschaftliches Engagement unterstützen

Zivilgesellschaftliches Engagement in der Breite zu unterstützen ist unerlässlich, wenn Integration gelingen soll. Untersuchungen zeigen, dass dieses Engagement insbesondere dazu beiträgt, Flüchtlinge seelisch-emotional zu stärken und somit wesentliche Voraussetzungen für eine insgesamt bessere Integration zu schaffen.[65] Insofern macht es Sinn, möglichst viele Initiativen von Bürger/innen zu fördern. Ohnehin zeigen Untersuchungen, dass Freiwillige sich eher kleinen Initiativen und Organisationen anschließen, weil diese in der Flüchtlingshilfe flexibler sind und auch eher Raum geben, um Kritik an der Flüchtlingspolitik zu formulieren.[66] Insofern ist zivilgesellschaftliches Engagement aber mehr als nur face-to-face Unterstützung. Sie ist Ausdruck einer gelebten demokratischen Kultur, einer bürgerschaftlichen Bewegung für mehr gesellschaftliche Offenheit und Respekt. Insofern ist eine Unterstützung der Vielfalt im zivilgesellschaftlichen Engagement als Anerkennung zentraler demokratischer Grundwerte zu verstehen und sollte in allen seinen Formen (z. B. im Rahmen von Ehrenamtsagenturen, Wohlfahrtsverbänden, religiöse Gemeinschaften, Vereinen, aber auch Willkommensinitiativen, Netzwerken und Bürgerbündnissen) ermöglicht werden.[67]

Gelebte demokratische Kultur unterstützen

Auf der anderen Seite birgt die Vielfalt an Initiativen auch eine Vielzahl von Menschen mit unterschiedlichen Engagementmotiven, Wünschen und (Vor)Erfahrungen. Expert/innen berichten, dass es eine große Herausforderung ist, die unterschiedlichen Vorstellungen der Engagierten mit den Rahmenbedingungen, Möglichkeiten und Notwendigkeiten vor Ort in Einklang zu bringen. Hierzu bedarf es einerseits einer guten Koordination, es bedarf aber darüber hinaus auch einer professionellen lokalen Gesamtmoderation der unterschiedlichen, manchmal auch einander zuwiderlaufenden Initiativen und der daraus erwachsenden Konfliktpotentiale. Probleme tun sich z. B. dort auf, wo Engagementwünsche nicht in der Art und Weise realisierbar sind, wie von den Ehrenamtlichen erwartet oder wo Verwaltungen nur unzureichend in der Lage sind, Unterstützung zu leisten und förderliche Rahmenbedingungen für das Engagement und die benötigten Flüchtlingsangebote bereitzustellen. Auch dort, wo bei Überschneidungen in den Angeboten ehrenamtlich aufgebaute Projekte zugunsten anderer Initiativen ein- oder umgestellt werden müssen oder wo zivilgesellschaftliches Engagement sich als Korrektiv staatlichen Handelns versteht und z. T. auch verstehen muss, sind Problemstellungen zu erwarten.

> *„Wir haben gerade in diesem Bereich der Hilfe im Bereich der Geflüchteten sehr viele freie Ehrenamtliche. Die einfach sagen, ich will was tun. Unorganisiert. Und da gibt es auch eine wichtige Aufgabe. Das ist, denen, die jetzt sagen, na ja, ich würde ja gerne was tun, aber die Verwaltung bremst, lässt uns nicht, macht das nicht so, wie wir haben wollen zu zeigen, dass wir das sehr wohl wollen und dass wir versuchen, Bedingungen zu schaffen. Und zum Anderen, die Kultur der Verwaltung ist ja auch nicht so, dass sie mit solchen Ehrenamtlichen arbeitet, sondern Verwaltung ist ja stark regelorientiert und kriegt jetzt diese Graswurzelbewegung. Und da auch zu erkennen, das ist was Hilfreiches, das war auch ein Lernprozess und wir müssen diese Kulturen zusammenbringen.“ (INT8_126)*

Zivilgesellschaftliches Engagement breit zu befördern bedeutet also immer auch, koordinierende und unterstützende Strukturen aufzubauen. Diese stellen sicher, dass eine Passung

zwischen Angeboten und Bedarfen vor Ort gelingt, dass Überforderungen vermieden und Verantwortlichkeiten aufgeteilt
werden, Qualifikation erfolgt, Know-how geteilt wird und die
nötigen Informationen dort vorliegen, wo sie benötigt werden.
Es bedeutet aber auch, für eine professionelle Begleitung bei
der Bearbeitung auftretender Konflikte Sorge zu tragen, um
Enttäuschungen und ggf. einem Rückzug aus dem wichtigen
Engagement vorzubeugen und die „Kreativität und den Eigen-
sinn" des bürgerschaftlichen Engagements nicht auszubremsen.[68]

Zivilgesellschaftliches Engagement anerkennen

Ohne das Engagement der vielen Menschen vor Ort hätte die
Aufnahme der hohen Zahl an ankommenden Flüchtlingen
nicht bewältigt werden können. Sie übernehmen einen Groß-
teil der Versorgungs-, Betreuungs- und Integrationsangebote
und kompensieren damit auch Versorgungslücken staatlicher
Institutionen. Dieses Engagement bedarf der Anerkennung
und Wertschätzung. Hierzu eignen sich Ehrenamtsempfänge,
Preise, Dankesbriefe der Bürgermeister/innen und Landrät/
innen aber auch Tage der kostenlosen Nutzung von öffentlichen
Einrichtungen und Freizeitstätten für Ehrenamtliche u.v.a.m.[69]

Qualifizierung ermöglichen, Entlastung schaffen

Derzeit sehen Expert/innen die Situation der Ehrenamtlichen als
z. T. extrem angespannt. Zum einen hätten viele Menschen über
einen langen Zeitraum Belastungen auf sich genommen, um die
notwendigen Hilfen und Unterstützungsangebote aufzubauen
und aufrecht zu erhalten. Daher sei es normal, dass inzwischen
auch Ermüdungserscheinungen zu verzeichnen seien. Zum anderen hätten Defizite in der Koordination des Ehrenamtes, die z. T.
mangelhafte Anleitung durch unerfahrene Professionelle und
Restriktionen in der Entfaltung von Eigeninitiative engagierte
Menschen vielfach zermürbt. Hinzu kommen auch psychische
Belastungen, wenn Freiwillige mit schwierigen Schicksalen von
Flüchtlingen konfrontiert sind oder miterleben müssen, dass die

Menschen, die sie intensiv betreut haben, abgeschoben werden. Ehrenamtliche benötigen daher unterschiedliche Formen der Unterstützung, Qualifizierung und insbesondere Entlastung.[70] Es ist daher notwendig, Supervision und Treffen zum Erfahrungsaustausch und zur Verarbeitung der Erfahrungen zwischen den Ehrenamtlichen anzubieten.

> *„Was auch ganz wichtig ist, und da versuchen wir auch Unterstützung zu leisten, ist, dass die Ehrenamtlichen ihrerseits mit all dem, was sie da erleben, auch Möglichkeiten der Rückkopplung haben. Also da gibt es zum Beispiel auch, noch nicht flächendeckend, aber vereinzelt schon Supervisionsmöglichkeiten oder so was für die Ehrenamtlichen. Weil, das ist ja auch für die teilweise sehr belastend, was die mitkriegen."* (INT8_78)

Ehrenamtliche sind zudem ebenso wie Politiker/innen durchaus auch von Anfeindungen, öffentlich formulierten Abwertungen ihres Engagements und Einschüchterungen betroffen und benötigen in diesen Situationen Ansprechpartner/innen und Unterstützung.

Verantwortliche in der Flüchtlingshilfe formulieren allerdings auch, dass die Vorstellungen der engagierten Menschen über Flüchtlinge und ihre soziale Lage nicht immer angemessen ist, interkulturelle Kompetenzen nicht vorausgesetzt werden können und gegenüber Flüchtlingen auch nicht immer eine Haltung auf Augenhöhe eingenommen wird.

> *„Alle wollen helfen, aber welches Bild vermittelt man dann auch. Also was hat man für ein Bild von denen, den man helfen will. […] Ich denke, das kommt auch mit den Bildern, die wir über die großen Wanderungen, sage ich mal, über den Balkan halt kriegen, dass uns das Gefühl vermittelt wird, den fehlt alles und die sind hilflos. Das ist aber ja nur ein kleiner Teil der Wahrheit. Also die Stärke, die Menschen haben, genau auch durch diese Route und durch das auf die Flucht gehen, das wird nicht unbedingt gesehen."* (INT9_47)

Insofern bedarf es neben der Koordination des Engagements

durchaus auch Angebote, mit deren Hilfe Ehrenamtliche auf die Aufgaben vorbereitet werden, Selbst- und Fremdbilder reflektiert und interkulturelle Kompetenz entwickelt werden können. Hierzu wurden vielerorts bereits Qualifizierungsformate entwickelt und umgesetzt, allerdings reichen die Angebote aus Sicht der Expert/innen noch nicht aus.

Ehrenamtliche als Multiplikator/innen stärken

Ehrenamtliche sind darüber hinaus wichtige Multiplikator/innen in lokalen Gemeinschaften. Ihre Erlebnisse, ihre Reflexionen tragen sie in ihre Nachbarschaft, in soziale Netzwerke und Vereine. Ehrenamtliche, so formuliert es ein Experte, sind auch als Akteure der Öffentlichkeitsarbeit zu verstehen.

> *„Öffentlichkeitsarbeit ist auch die Arbeit mit Ehrenamtlichen. Weil, jeder von denen hat, ich sage mal jetzt irgendeine Zahl, zehn Menschen, mit denen er regelmäßig kommuniziert und erzählt, was da passiert." (INT8_222)*

Sie sollten daher auch gezielt darin unterstützt und z. B. durch Rollenspiele geschult werden, souverän mit Vorurteilen und Rassismus, Kritik an ihrer Arbeit und ggf. auch Anfeindungen umzugehen. Viele Engagierte verstehen ihre Bemühungen ohnehin auch als praxisnahen Weg, die lokale Gemeinschaft gegenüber einer (semi)latenten Fremdenfeindlichkeit zu stärken und mögliche Konflikte zu entschärfen.[71]

Das bürgerschaftliche Potential für die Zukunft sichern

Es ist nach Meinung der Expert/innen davon auszugehen, dass die benötigte Zahl an Ehrenamtlichen, die in der Erstversorgung der Flüchtlinge engagiert sind, mittelfristig abnehmen wird.

> *„Wenn jetzt als Beispiel alle Menschen, die kommen, irgendwann alphabetisiert wären, dann wäre ja der Bedarf an Alphabetisierungskursen gedeckt. Dann brauche ich keine Leute mehr, die das anbieten. Ja? Also das heißt, manche Sachen werden länger*

bleiben als Bedarfe, manche werden sich verändern und wenn ich morgen, als Beispiel, nur noch Frauen in den Einrichtungen hätte, verändert sich das wieder." (INT8_116)

Hier sollte daher durchaus auch frühzeitig darüber nachgedacht werden, wie das bürgerschaftliche Engagement in andere Projekte der langfristigen Integration von Flüchtlingen oder in weitere soziale und gesellschaftspolitische Bereiche überführt werden kann, sofern es von den Engagierten gewollt ist. Wenn zivilgesellschaftliches Engagement Ausdruck einer lebendigen demokratischen Kultur verstanden wird, die die Abwehrkräfte gegenüber rassistischen und rechtsextremen langfristig am besten stärkt, so müssen die Bemühungen zur Bewahrung dieses Engagements verstärkt werden. Hilfreich können dabei Angebote zur Reflexion der eigenen Engagementmotive und zur Klärung

Was sind gute Strategien?

der zukünftigen Engagementbiographie, ein erweitertes Freiwilligenmanagement in die Ehrenamtsagenturen und Strukturen vor Ort oder aber auch vorausschauende kommunale Zukunftsworkshops für das bürgerschaftliche Engagement und Formen der Bürgerbeteiligung insgesamt sein. Sollten Ehrenamtliche nicht mehr tätig sein wollen, so bedarf es einer abschließenden Anerkennung ihres Engagements.

Neue Akteure auf die kooperative Arbeit mit Engagierten vorbereiten

Im Rahmen der aktuellen Angebote zur Integration von Flüchtlingen haben – bei allen Problemen, die es aktuell sicherlich auch vielfach gibt – sich bereits jetzt neue Kommunikations- und Arbeitskulturen zwischen Verwaltungen und Zivilgesellschaft etablieren können. In vielen Kommunen und Landkreisen wurden sog. Runde Tische eingerichtet, in denen ein Austausch und Kooperationen zwischen den unterschiedlichen Akteuren auf Augenhöhe erfolgen können.

In naher Zukunft werden Asylsuchende und Flüchtlinge verstärkt nach einem Zugang auf den Arbeitsmarkt streben. Damit wird die Rolle von staatlichen Akteuren – u. a. Arbeitsagenturen, Schulen, berufliche Ausbildungszentren – und auch Akteuren aus der Wirtschaft – u. a. Betriebe, Wirtschaftsvereinigungen – für die Integration von Flüchtlingen an Bedeutung zunehmen. Es sollte aus Sicht von Expert/innen daher vorausschauend überlegt werden, in welcher Weise gelingende Konzepte auf die Kooperation mit den neu hinzukommenden Akteuren vor Ort übertragen und wie diese auf eine Kooperation mit der Zivilgesellschaft vorbereitet werden können.

Probleme gehören dazu!

Trotz aller positiven gesellschaftlichen Veränderungen und der hohen Engagementbereitschaft der Bürger/innen, gibt es in Kommunen und Gemeinden auch durchaus Probleme bei der Aufnahme und Integration von Flüchtlingen. In manchen Standorten verbreiten sich Gerüchte und wachsen damit auch die Ängste und Sorgen der Bevölkerung, in anderen formieren sich ablehnende und z. T. rassistische Bündnisse in sozialen Medien und auch in Hessen gab es Übergriffe auf Unterkünfte.

Aus Sicht der Expert/innen kann die Erwartung nicht die sein, dass die Prozesse der Integration spannungsfrei verlaufen. Vielmehr sollten konstruktive Verfahren der Konfliktbewältigung eingeübt werden:

> *„Daraus folgt, dass ich sage mal mit den ehrenamtlichen Kräften, mit der Bevölkerung im Grunde genommen […] gearbeitet werden muss im Hinblick auf als Gesellschaft bewusst Spannungen aushalten können." (INT4_119)*

Die Themen, die Bürger/innen bewegen, von den Stammtischen in die Bürgersäle bringen

Einige Expert/innen formulieren, dass sie neben der hohen Hilfsbereitschaft vor Ort auch häufig Ablehnung, Sorgen, Klagen über Missstände sowie alltagsrassistische Diskurse wahrnehmen:

> *„Ich meine, ich kriege es ja mit, […] ich wohne ja hier, ja? Beim Frisör, beim Bäcker, wie die Gerüchteküche ist: Die kriegen alles hinterher geschmissen und so, das ist da alles da. Das ist ja alles da an Diskussionen, an Vorurteilen. Aber die Leute gehen, glaube ich, nicht los und stellen sich da pegidamäßig hin und brüllen da irgendwelche Parolen." (INT7-66)*

Die Themen, die hierbei aufgeworfen werden, reichen von Annahmen zu einem Anstieg der Kriminalität und der Auseinandersetzungen unter Flüchtlingen, Sorgen über eine Vermüllung der Umgebung, Ängste um die persönliche Sicherheit, über sog. Neid-Debatten bis hin zu Islamfeindlichkeit und manifesten Problemen wie Engpässe und Belästigungen im öffentlichen Nahverkehr.

Als Problem wird vor allem benannt, dass auf öffentlichen Veranstaltungen die Stimme von „besorgten Bürger/innen" nicht immer Gehör findet. Oftmals seien öffentliche Diskurse von aktiven Bürger/innen in der Weise geprägt, dass Menschen, die ihre Bedenken äußern, als Rassisten oder gar Rechtsextremisten gebrandmarkt werden. Dies würde letztlich dazu führen, dass sich problematische Diskurse vom öffentlichen in den privaten Raum verlagerten und somit nicht mehr bearbeitbar seien. Ferner seien Angst und Kriminalitätsfurcht selten aus realen Tatsachen gespeist und könnten damit auch nicht einfach weggeredet werden.

> *„Und dann ist auch noch ein Effekt, der war in der Stadthalle schon so, wenn man kritisch ist und kommt dahin und hat vielleicht Ängste und will da auch mal was sagen, und will seine Angst auch mal los sein und vier, fünf Redner vor mir, die dann ans Mikro gegangen sind, die haben gesagt, das ist alles toll, wir finden das gut und hin und her, dann kann ich nicht mal was dagegen sagen. [...] Und wenn hier gesagt wird, das war eine überwiegend unproblematische positiv eingestellte Bürgerversammlung, dann sagt mein Kollege, der in XXX wohnt, also ich verstehe das nicht, ich kenne in XXX nicht einen, der pro Asyl reden würde, eher das Gegenteil." (INT5_120)*

Expert/innen betonen, dass ein frühzeitiger, ehrlicher und pro-aktiver Umgang mit den geäußerten Befürchtungen und Problemen notwendig ist. Die Themen sollten aufgegriffen und zum Gegenstand von lösungsorientierten öffentlichen Diskursen gemacht werden, noch bevor problematische Ereignisse zu massiven Protesten oder Konflikten führen. Voraussetzung hierfür sei, dass in den Kommunen Verfahren des Hinhörens und des Bergens der Themenstellungen gibt. Dies bedeute nicht, die alltagsrassitischen Diskurse gut zu heißen und ihnen eine öffentliche Bühne zu bereiten, sondern geeignete Formen der Thematisierung und Bearbeitung zu finden.

Gerüchten und Befürchtungen sollte zunächst mit Fakten begegnet werden. So können z. B. mit Unterstützung der örtlichen Polizeidirektionen auf Bürger- oder Anwohner/innenversammlungen Annahmen zu einem Anstieg der Kriminalität in der Regel schnell entkräftet werden. Ebenso können mit Hilfe von kundigen Expert/innen sog. Fakten-Checks erstellt werden, die über die Medien, auf Homepages und im Internet verbreitet werden können, und die einen Beitrag dazu leisten, Diskussionen zu versachlichen.[72] Gute Erfahrungen wurden in der Vergangenheit auch mit der Ausbildung und dem Einsatz von (interkulturellen) Konfliktlotsen gemacht.[73]

> **Was kann man in der Kommune gezielt tun?**

Aber auch Probleme unter Flüchtlingen, die sich durchaus als real begründet darstellen, sollten aus Sicht von Expert/innen nicht unter den Tisch gekehrt werden, da sie die Glaubwürdigkeit von Politik und Strafverfolgungsbehörden untergraben und es rechtsextremen Populisten ermöglicht wird, die Themenstellungen in ihrem Interesse aufzugreifen und die Deutungshoheit über die Situation zu übernehmen.

„Ich glaube, es ist besser, wir benennen die Probleme, dieses Geklungel und Gemurmel. Wir benennen die Probleme und auch die einzelnen Gruppen untereinander; besser als dass alle in einen Topf geworfen werden. Die Probleme mit kriminellen Gruppen. Die Probleme auch der verschiedenen Gruppen untereinander. [...] Das ist ja alles nicht von der Hand zu weisen. [...] Ich vertrete auch offen, die Flüchtlinge sind nicht per se die besseren Menschen. Die sind genauso wie wir und darunter gibt es so'ne und solche. Und ich vertrete die Meinung, das sollte man auch offen kommunizieren. Ich glaube, dann kann man mehr Akzeptanz vermitteln, als wenn man sagt, ja, da sollte man bestimmte Probleme nicht so laut benennen, das weckt dann nur sozusagen die Rechten." (INT6_58)

Besser sei es, diese Probleme zu benennen und einen offenen
Diskurs anzuregen, der Interpretationen, Differenzierungen und
Erklärungen ermöglicht. Hierfür bedarf es geeigneter Formate,
Lernbereitschaft von allen Seiten und einer geeigneten Form
der Moderation.

> *„Das gehört auch ein Stück zur bunten und vielfältigen Ge-*
> *sellschaft dazu. Und da muss man Auseinandersetzungen auch*
> *führen können. Das ist ein Lernprozess für alle. Aber dass das*
> *auch nicht alles nur reibungslos abläuft, also das muss man auch*
> *vermitteln."* (INT9_129)

Faktische Missstände zügig lösen

Missstände und Probleme, die in Kommunen manifest existieren, sollten ferner aus Sicht der Expert/innen aktiv und zügig
angegangen und abgemildert werden. Hierbei sei es auch wichtig, die Bevölkerung aktiv einzubinden und ihre Erwartungen
und Vorstellungen für eine Lösung in den Blick zu nehmen. In
jedem Fall sei es aber wichtig, dass Probleme nicht verschleppt
würden und Behörden die ausgehandelten Lösungen verbindlich
umsetzen, da sonst das Vertrauen in staatliche Akteure sinke
und Eskalationen die Folge sein könnten.[74]

Sich auf neue Konfliktdiskurse und die Auseinander-
setzung mit rechtspopulistischen Parteien in den
Parlamenten vorbereiten

Nicht zuletzt sei darauf hingewiesen, dass Expert/innen auch
neue Themenstellungen ansprechen, die sie zwar nicht weiter in
Hinblick auf notwendige präventive Maßnahmen diskutieren,
die aber einen Vorausblick auf kommunale Entwicklungen und
mögliche Reaktionserfordernisse werden.

Zum einen gehen im Vorfeld der Kommunalwahlen Expert/
innen davon aus, dass rechtspopulitische Parteien einen breiten
Einzug in die kommunalen Parlamente finden werden.

„Wie die politische Situation ist: ja, ich denke, eine rechtspopu-
listische Partei wie die AfD hat in Deutschland, wie in allen
westeuropäischen Ländern, ein Potenzial von 10 bis 20 Prozent.
Grundsätzlich werden wir uns wahrscheinlich darauf einstellen
müssen, dass das sozusagen bei dem Flüchtlingszuzug auch in
Deutschland so ist. So. [...] Die AfD tritt nicht laut auf, aber bei
der Wahl werden sie nach meiner Einschätzung sicher über 10
Prozent bekommen. Damit rechne ich.“ (INT6_72)

Das bedeutet, dass wiederum gezielt politische Strategien für den
parlamentarischen Umgang mit nunmehr rechtspopulistischen
Parteien in den Blick genommen werden müssen und zwar unter
der verschärften Bedingung, dass es sich
nicht mehr um eine Auseinandersetzung   **Was können politische**
mit einer kleinen Zahl von Mandatsträger/   **Strategien sein?**
innen handeln wird. Ferner werden Stra-
tegien benötigt um sicherzustellen, dass die Themen „Flucht“,
„Asyl“ und „Integration“ nicht für die politischen Zielsetzungen
dieser Parteien instrumentalisiert werden und Parlamente sich
zur Bühne für das Schüren fremdenfeindlicher Ressentiments
entwickeln.[75]
    Eine weitere Entwicklung zeichnet sich dahingehend ab,
dass sich weltweite Ereignisse wie die terroristischen Anschläge
in Paris und bundesweite Debatten zur Flucht und Asyl – u. a.
bedingt durch die mediale Verbreitung – auf die von Bürger/
innen geführten Diskurse im kommunalen Raum durchschlagen
und sowohl die Einstellungen als auch das Verhalten von Bürger/
innen beeinflussen können.

„Das ist passiert, dass sich dann Leute privat zurückziehen und
sagen, also das mache ich jetzt hier in dieser Einrichtung nicht,
weil das in Paris passiert ist. Wo ich also sage, [...] diese Menschen
können wir in der Schnelligkeit so nicht erreichen. (INT8_225)

Insofern wird es in Zukunft auch nötig sein, Konzepte u. a. der
politischen Bildung zu entwickeln, die es erlauben die zentralen
gesellschaftlichen Konfliktbereiche, die z. B. unter dem Schlag-

wort „Islamfeindlichkeit" subsummiert werden können, also z. B. die Gleichsetzung von Islam mit „Radikalisierung", „Gewalt", „patriarchalen Geschlechterverhältnissen" oder „Demokratiedistanz" zu bearbeiten und kritisch zu differenzieren. Gleichzeitig wird es auch zunehmend wichtig sein, globale Konfliktlinien zu antizipieren und aktive Wege zu ihrer differenzierten Thematisierung in lokalen Settings zu suchen.

Begegnungsmöglichkeiten und gesellschaftliche Teilhabe schaffen!

Flüchtlingen von Beginn ihres Aufenthaltes an Möglichkeiten zu eröffnen, am gesellschaftlichen und öffentlichen Leben teilzuhaben ist eine notwendige Voraussetzung, damit Integration gelingt. Begegnungen zwischen der ortsansässigen Bevölkerung und Flüchtlingen sind hierfür der erste Schritt. Sie ermöglichen das gegenseitige Kennenlernen, den Abbau von Hemmungen und Vorurteilen und können einen wesentlichen Beitrag für die gegenseitige Anerkennung leisten. Zug um Zug müssen zudem insbesondere in ländlichen Gebieten kommunale Integrationsstrategien erarbeitet und umgesetzt werden.

Menschen individuell sichtbar machen

Hilfreicher noch als nachgehende Aktionen zur Korrektur von Negativbildern zu Flüchtlingen sind aufeinander abgestimmte öffentliche Maßnahmen, die einen Beitrag dazu leisten, dass Flüchtlinge einen Subjektstatus einnehmen können und aktiv in Kontakt treten können.

> *„Wir wissen ja, dass Rassismus und Fremdenfeindlichkeit da am besten gedeiht, wo man die Leute nicht kennt. Und wenn es jetzt so viele Leute sind, dass man gar nicht umhinkommen kann, sie kennen zu lernen, [...] dann kann gar nicht so viel gedeihen. So. Ist vielleicht eine gewagte Hypothese, aber mal gucken."* (INT6_102)

Initiativen hierzu gibt es in vielen Kommunen. So öffnen z. B. Bürgermeister/innen zeitgleich mit der Ankunft von Flüchtlingen Bürgerhäuser als Aufenthalts- und Begegnungsorte für Flüchtlinge und Bewohner/innen und setzen damit ein klares Signal für einen Treffpunkt in der Mitte ihrer Gemeinde. Nahezu überall sind Begegnungscafés eingerichtet worden, die ehrenamtlich betrieben werden und zu einem niedrigschwelligen Miteinander beitragen, und auch Initiativen zum Erlernen der Sprache, Tandemmodelle oder auch Aktionen wie „Kochen über den Tellerrand" oder „Interkulturelle Gärten" schaffen wichtige Brücken in die Gemeinschaften vor Ort. Willkommensfeste oder interkulturelle Feiern tragen dazu bei, die Vielfalt der in Kommunen lebenden Menschen sichtbar zu machen und ein wertschätzendes Miteinander zu fördern.

Eine weitere Möglichkeit bieten Initiativen des „story tellings", die Flüchtlinge selbst zu Wort kommen lassen und ihre persönlichen Geschichten und Perspektiven sichtbar machen. So hat der NDR über WhatsApp Rami über drei Wochen hinweg selbst über seine Flucht und seine Erlebnisse berichten lassen, knapp 2.000 Menschen folgten seiner Geschichte.[76] In Köln existiert das Projekt „Our stories". Ehrenamtler/innen der Kölner Pfarrei St. Agnes haben Flüchtlinge aber auch Bewohner/innen des Viertels, die z. B. Nachkriegsflüchtlinge waren, interviewt und individuelle Großplakate gestaltet, die rund um die Kirche aufgestellt wurden.[77]

Eigeninitiative ermöglichen und strukturell anerkennen

Aus Sicht der Expert/innen fehlen noch immer geeignete Initiativen, die insbesondere Flüchtlinge selbst empowern und sie zu sichtbaren Akteuren werden lassen. So wird z. B. die aktive Mithilfe von Migrant/innen bei der Integration von Flüchtlingen aber auch im Allgemeinen noch zu wenig strukturell unterstützt und öffentlich gemacht, oftmals würden diese Hilfen z. B. aus Communities heraus eher als Familienhilfe, nicht aber als ehrenamtliches Engagement von Migrant/innen gesehen, strukturell gefördert und anerkannt.[78]

> „Und da, glaube ich, da müsste auch meiner Meinung noch mehr passieren. Also Ansätze, dass Flüchtlinge selber aktiv werden. Selbstorganisation stärken. Betätigungsmöglichkeiten für und mit Flüchtlingen schaffen und weniger für Flüchtlinge etwas tun als mit ihnen. Oder ihnen den Raum zu geben, sich selbst zu organisieren." (INT9_47)

Eine solche beispielhafte Maßnahme sind z. B. die „Helping Hands" der Initiative „Ich bin ein Viernheimer". Hier hat die Stadt, Flüchtlingen, die selber nicht vor allzu langer Zeit nach Viernheim gekommen sind, im Rathaus Rahmenbedingungen geschaffen, um aktiv zu werden. Das Engagement der Flüchtlinge reicht vom Jäten von Unkraut in Sportanlagen bis hin zur Unterstützung von alteingesessenen Bürger/innen in Not. Es ist hierbei von großer Bedeutung, dass das Engagement von Flüchtlingen selbst organisiert wird und als solches von der Verwaltung und Politik gewollt und strukturell gefördert wird.

Ferner haben sich auch politische Zusammenschlüsse von Flüchtlingen gegründet, wie z. B. die Initiative „Jugendliche ohne Grenzen", die sich für die menschenrechtlichen Belange und soziale Integration selbstverwaltet stark machen oder die von Flüchtlingen und Unterstützer/innen im Frühjahr 2014 gegründete Initiative „Lampedusa in Hanau und Main-Kinzig-Kreis", die sich insbesondere für einen Stopp der Abschiebepraxis von Flüchtlingen einsetzt.[79]

Die Kompetenzen von Flüchtlingen fördern

Selbstverständlich sind die restriktiven Zugänge auf den Arbeitsmarkt für Flüchtlinge und die Dauer der Anerkennung der beruflichen Qualifikation der zugewanderten Menschen Hemmschwellen, die dem Verharren-Müssen in Passivität Vorschub leisten. Initiativen wie z. B. „Academic Experience Worldwide" der Frankfurter Universität, die u. a. Tandems zwischen Studierenden und geflohenen Akademiker/innen organisieren, leisten jedoch einen zentralen Beitrag zur Anerkennung der Kompetenzen von Flüchtlingen, zur Erhöhung ihrer Arbeitschancen und zu ihrer eigenständigen Integration.

Es gibt aber auch zahlreiche andere Initiativen, die Flüchtlingen zunächst eine eine Einbindung in ehrenamtliche Gemeinschaftsaktivitäten vor Ort und Partizipation ermöglichen sowie sinnvolle Betätigungsoptionen nah an den Talenten, Kompetenzen und Qualifikationen der Zuwanderer eröffnen.[80]

Integrationskonzepte partizipativ erarbeiten!

Die Prozesse der Aufnahme und Integration von Flüchtlingen werden aktuell unter dem Schlagwort der „Schaffung einer Willkommenskultur" gerahmt. Die Vielzahl an kommunalen Initiativen, das umfassende ehrenamtliche Engagement gelten Expert/innen als Hinweise darauf, dass sich die Gesellschaft hin zu mehr Offenheit verändert und sich die gesellschaftliche Situation nicht zuletzt aufgrund der breiten zivilgesellschaftlichen Gegenbewegungen zu Rassismus und Rechtsextremismus entscheidend gewandelt hat.

Trotz der Diskussion um eine „Willkommenskultur", trotz des umfangreichen Engagements auf politischer Ebene und in den Kommunen unterliegen den Prozessen vor Ort in der Regel vor allem Annahmen zugrunde, die sich entweder auf die Lösung von „Problemen", der sog. „Flüchtlingskrise", beziehen oder zumindest einer zeitlichen begrenzten Herausforderung, die es aktiv zu bewältigen gilt. Ein umfassend verändertes Bewusstsein darüber, dass Zuwanderung einen gesellschaftlichen „Normalzustand" darstellt, der mittel- und langfristig eine gesamtgesellschaftliche Veränderung bedeutet, kann nicht als gegeben vorausgesetzt werden. Die Grundidee einer umfassenden gesellschaftlichen Teilhabe und Partizipation von Migrant/innen und Flüchtlingen wird bislang zwar fachpolitisch gefordert, in der Regelpraxis und im alltäglichen Miteinander ist sie indes noch lange nicht etabliert. Aktuell klaffen fachöffentliche Diskurse und die Lebenswirklichkeit von Menschen mit Migrationshintergrund in Deutschland auseinander. Benötigt werden daher bewusst gestaltete Prozesse der kommunalen Integrationsentwicklung.

Gute Beispiele und Gelingendes sichtbar machen

Keine Kommune startet bei null im interkulturellen Zusammenleben und überall gibt es gute Initiativen und gelungene Prozesse. Allerdings kann nicht davon ausgegangen werden, dass diese Initiativen im kommunalen Gesamtgeschehen immer einen hohen Bekanntheitsgrad haben. Vorhandene Projekte, Initiativen der gegenseitigen Hilfe oder nachbarschaftlichen Unterstützung sowie das Engagement von Migrant/innen wurden lange öffentlich wenig wahrgenommen und auch selten gewürdigt.[81] Die Sichtbarkeit von gelungenen Projekten ist eine Voraussetzung für die Anerkennung und Wertschätzung von Integrationsprozessen und bürgerschaftlichem Engagement. Daher sollten Maßnahmen ergriffen werden, die zu einer Sichtbarkeit und Verbreitung gelingender Beispiele vor Ort beitragen. Auf diese Weise können wichtige Kontrapunkte zu einer problembezogenen öffentlichen Darstellung – Flüchtlinge als „Krise" oder „Problem" – gesetzt werden. Hierzu eignen sich sowohl Selbstdarstellungen von Organisationen, Projektpräsentationen auf der Homepage von Kommunen aber auch öffentliche Kampagnen.[82]

„Wie wollen wir zukünftig miteinander leben?" – Integrierte Handlungskonzepte zur Integration von Flüchtlingen und Migrant/innen

Angesichts des hohen Einsatzes, der aktuell von allen Seiten erbracht werden muss, um die drängendsten Notwendigkeiten in der Aufnahme von Flüchtlingen zu bewältigen, ist es nicht verwunderlich, dass dezidierte Fragestellungen und Konzepte zum weiteren Vorgehen vor Ort aktuell wenig thematisiert werden. Dennoch liegt auf der Hand, dass in naher Zukunft Konzepte zur langfristigen (Weiter)Entwicklung lokaler Integrationsstrategien benötigt werden. Studien zeigen auf, dass der kommunalen Integrationspolitik zwar Bedeutung zugemessen wird, dass aber nur die Hälfte der Kommunen über angepasste Konzepte verfügt. Hierbei zeigt sich auch ein großes Gefälle zwischen Großstädten und ländlichen Gebieten, die – auch aufgrund der geringeren Zahl an Einwohner/innen mit Migrationshintergrund – deutlich seltener Konzepte entwickelt haben.[83]

Die neueren Initiativen zur Entwicklung von Integrationskonzepten in Städten wie z. B. Frankfurt am Main oder Wetzlar zeichnen sich insbesondere dadurch aus, dass sie staatliche und zivilgesellschaftliche Entwicklungslinien miteinander verschränken und eine partizipative Erarbeitung konzeptionell verankern.[84] Die Stadt Frankfurt hat ihr Integrationskonzept in einem öffentlichen (digitalen) Dialog unter Beteiligung einer Vielzahl von Bürger/innen und Organisation formuliert. Expert/innen betonen, dass Beteiligungsformen wie Integrationsnetzwerke, die einer Vielzahl von – auch kleineren Akteuren und Projekten – Partizipationschancen eröffnen, wichtige Rahmenbedingungen darstellen, um die Konzepte auf den Weg zu bringen.[85]

Der Entwicklung von Steuerungsmechanismen für die kommunalen Integrationsmaßnahmen geht voraus, dass Leitbilder entwickelt werden, die auf die jeweilige **Was sind die Voraus-** Situation in den Kommunen ausgerichtet sind und von den Menschen getragen **Integrationsmaßnahmen?** und gelebt werden können. Es werden daher vor Ort partizipativ angelegte Diskursprozesse benötigt und Ansätze, die z. B. bereits in der Gemeinwesenarbeit erprobt wurden und die neben der Quartiers- oder Stadtentwicklung auch auf den Aufbau kollektiver Identitäten und sozialen Zusammenhalts über unterschiedliche gesellschaftliche Gruppen hinweg setzen. Stärker als bisher müssen dabei aber die Potentiale einer vielfältigen Gemeinschaft und lebendigen demokratischen Kultur in den Blick genommen werden. Die Inklusionsnormen sollten idealer Weise weit gefasst sein und sich auf die gesamte Stadtgemeinschaft beziehen.[86]

Die Partizipationschancen von Flüchtlingen und Migrant/innen stärken

Bürgerschaftliches Engagement von Flüchtlingen und Migrant/innen erhöht ihre Teilhabe am gesellschaftlichen Leben und stärkt – insbesondere, wenn sie anerkannt wird – ihre Identifikation mit der Aufnahmegesellschaft.[87] Notwendige Voraussetzungen für eine solche Form des Engagements oder der Partizipation an der Ausgestaltung von lokalen Integrationskonzepten ist einerseits die Senkung von Zugangsbarrieren durch geeignete Beteiligungsverfahren und andererseits die Vermittlung von notwendigem Wissen und Aktivierung. Gefordert sind somit neue Formate der politischen Bildung, die, wenn sie erfolgreich sein sollen, sowohl Wissen über gesellschaftliche Strukturen und Prozesse als und Kenntnisse zur Erhöhung der Partizipationsmöglichkeiten vermitteln als auch aktivierend ausgerichtet sein sollten. Analoge Formate wurden bereits z. B. mit den OWI-Projekten der Volkshochschulen durch das Internationale Begegnungszentrum Friedenshaus in Bielefeld aber auch anderen Bildungsträgern entwickelt.[88]

Rassismus und rechtsextremen Bestrebungen offensiv begegnen, Opfer schützen!

Maßnahmen, Initiativen und Projekte, die Flüchtlinge unterstützen, Begegnungen ermöglichen und niedrigschwellig Barrieren des Zugangs abbauen, sind unerlässliche Angebote, um Flüchtlingen ein „gutes" Ankommen vor Ort zu ermöglichen und stellen wichtige Brückenfunktionen für die Integration der Menschen dar. Dennoch bleibt auch die aktive Auseinandersetzung mit alltäglichen Formen von Rassismus und gar rechtsextrem motivierten öffentlichen Kampagnen gegen Flüchtlinge eine dauerhafte Herausforderung. Sie sind überall dort gegeben, wo Bürger/innen sich zu Protesten gegen Flüchtlingsunterkünfte formieren, wo rechtspopulistische und rechtsextreme Parteien sich im hessischen Kommunalwahlkampf des Themas „Flüchtlinge" bedienen, um Meinungsmache zu gestalten und auf Stimmenfang zu gehen, oder aber auch dort, wo Menschen, die sich für Flüchtlinge engagieren, Anfeindungen und Bedrohungen ausgesetzt sind.

Zivilgesellschaftliche Gegenwehr organisieren

Auch zukünftig wird es weiterhin notwendig sein, zivilgesellschaftlich organisierte Bündnisse gegen Rassismus und Rechtsextremismus zu schließen und sichtbar für die Belange von Flüchtlingen und für demokratische Werte einzutreten sowie ein symbolisches Schutzschild gegen Anfeindungen aufzustellen. Z. T. befürchten Expert/innen hier allerdings einen Rückgang der Mobilisierungsfähigkeit, da viele der in diesem Feld engagierten Personen bereits intensiv in der Flüchtlingshilfe involviert sind. Hier sollten frühzeitig, auch angesichts der zu erwartenden Aktivitäten rechter Akteure im Vorfeld der hessischen Kommunalwahlen, Strategien durchdacht werden,

die sowohl einen Einbezug neuer Akteure vorsehen, als auch
der Verlagerung von reaktiven Veranstaltungen auf im Vorfeld
geplante Aktionen, die dann langfristiger planbar sind.

Rassistische Anfeindungen und Diskriminierung thematisieren und dokumentieren

Rassistische Anfeindungen und Diskriminierung auf (lokaler
oder überlokaler) Ebene zu thematisieren bedeutet, eine wichtige
Grundlage für die Erhöhung der Sichtbarkeit dieser menschen-
verachtenden Phänomene zu legen. Derzeit wird Rassismus
insbesondere dann öffentlich wahrgenommen, wenn massive
Formen von Gewalt gegenüber Flüchtlingen oder Flüchtlingsunterkünfte verübt werden. Isolierte, alltägliche Anfeindungen
bleiben hingegen oftmals ungesehen.

Die öffentliche Thematisierung und besser noch Dokumentation ist notwendig, um das Ausmaß von Rassismus, Gewalt
und Diskriminierung deutlich zu machen und zudem die Perspektive der Betroffenen in den Vordergrund zu rücken.[91] Sie
ist ferner auch nötig, um mittelfristig Ursachen und besondere
Zusammenhänge identifizieren zu können und wirksame Ge-
genstrategien zu entwickeln.

Rassismus, Gewalt gegen und Diskriminierung von Flüchtlingen widersprechen demokratischen Grundwerten, gefährden den
gesellschaftlichen Frieden und sind daher für das Zusammenleben
aller Bürger/innen relevant. Zudem zeigen Untersuchungen,
dass Ausgrenzung und Diskriminierung dazu führen, dass die
Integrationsbereitschaft von Betroffenengruppen schwindet und
sich stattdessen ein hoher Eigengruppenbezug und Segregation
einstellen.[90]

Die sozialen Medien im Auge behalten und reagieren

Eine besondere Form der rassistischen und rechtsextremen
Meinungsmache entwickelt sich im Internet und in sozialen
Netzwerken. Vielerorts formiert sich jenseits des öffentlichen
Diskurses die lokale Bevölkerung gegen Asylbewerber/innen

und -heime auf facebook oder in anderen sozialen Netzwerken. So erhielten Schüler/innen in Hessen über Whatsapp einen Kettenbrief, der vordergründig Trauer für die Opfer von Paris vortäuschte, tatsächlich aber zur Ablehnung der Flüchtlingspolitik der Bundesregierung aufrief.

Probleme mit anonymen Äußerungen im Netz

Befördert durch die Anonymität, die das Netz grundsätzlich bereitstellt, können Gerüchte, Anti-Asyl-Agitationen und auch Aufrufe zu Protest- und Gewaltaktionen sich zumeist ungehindert ausbreiten. Hinzu kommt, dass Rechtsextremisten gezielt Anknüpfungspunkte zum asylkritischen, nichtextremistischen Spektrum zu schaffen suchen und somit aktiv Mobilisierungsräume gegen Flüchtlinge eröffnen. Aus Sicht der Expert/innen ist die Anti-Asyl-Propaganda im Internet ein Problem, dem sie nicht umfassend begegnen können. Die Gründe hierfür sind einerseits der Mangel an Personal, um regelmäßig Informationen im Netz zu verfolgen, zum anderen auch z. T. die geringe Medienaffinität von relevanten z. B. politischen Akteuren. Gezielte Maßnahmen unterbleiben mancherorts, weil schlichtweg die Befürchtung besteht, die ausgelösten Reaktionen nicht ausreichend prüfen und kontrollieren zu können.

> *„Es ist auch für uns schwer zu überschauen, was auch in den sozialen Netzwerken los ist. Ja, da sind wir auch nicht so präsent. Und wir würden da möglicherweise was auslösen, was wir dann gar nicht mehr weiter begleiten könnten."* (INT5_24)

Dennoch ist die Auseinandersetzung mit rassistischen und rechtsextremen Anfeindungen von Flüchtlingen im Internet aus der Sicht der Expert/innen sehr wichtig. Bürger/innen sollten die existierenden rechtlichen Möglichkeiten zur Sperrung und Löschung solcher Inhalte in Netz kennen und wissen, wohin sie sich wenden können, um entsprechende Maßnahmen zu veranlassen. Die im Netz aufgeworfenen Themen müssen zudem zur Kenntnis genommen werden und es sollte frühzeitig dafür Sorge getragen werden, dass öffentliche Gegen-Narrative erfolgen.

Hierfür bedarf es der Identifizierung wirksamer Strategien und Formate der Schulung, insbesondere für Jugendliche.[91]

Grundsätzlich sollte aber auch weiterhin eine Sensibilisierung der Bevölkerung zu Rassismus, Rechtspopulismus und Rechtsextremismus erfolgen sowie Informationen bereitgestellt werden, wie Bürger/innen angemessen reagieren können.[92]

Schutz bieten und Opferhilfe leisten

Nach Meldungen des Verbandes der Beratungsstellen für Betroffene rechter, rassistischer und antisemitischer Gewalt ist das Ausmaß der rassistischen Gewalt in Deutschland inzwischen alarmierend hoch, daher sind sowohl Präventionsmaßnahmen der Polizei, Notrufe, gute Sicherheitsstandards in Flüchtlingseinrichtungen notwendig wie auch weiterhin eine entschiedene und öffentlich sichtbare Positionierung der Zivilgesellschaft.

Opfer von Rassismus und Rechtsextremismus bedürfen einer professionellen Hilfe und Unterstützung. Die Opferberatungsstellen sind hierfür die richtigen Ansprechpartner/innen und sollten – sofern dies nicht bereits geschieht – notwendige Maßnahmen ergreifen, um dem besonderen Bedürfnissen von Flüchtlingen nachkommen zu können.

Anmerkungen

47 Vgl. Stracke 2015.
48 Vgl. Aumüller/Daphi/Biesenkamp 2015, S. 164.
49 Vgl. mobile beratung gegen rechtsextremismus berlin 2013.
50 Vgl. Vogel 2015.
51 Vgl. Dorfer 2015.
52 Vgl. Die Welt 2015.
53 Vgl. Aumüller/Daphi/Biesenkamp 2015, S. 129.
54 Vgl. ebd.: S. 130.
55 Vgl. Amadeu Antonio Stiftung/PRO ASYL 2015.
56 Vgl. Stadt Leverkusen, Dezernat für Bürger, Umwelt und Soziales 2015.
57 Auf Bundesebene stehen z. B. Informationen unter http://www.bundesregierung.de/Webs/Breg/DE/Bundesregierung/ BeauftragtefuerIntegration/1-FAQ/_node.html , auf Landesebene unter https://fluechtlinge.hessen.de/flucht-asyl/wichtig-zu-wissen/haeufig-gestellte-fragen zur Verfügung.

58 Vgl. Häusler 2009, S. 303.
59 Beyer 2010, S. 37.
60 Strobl/Lobermeier 2012, S. 9.
61 Z. B. über die Veröffentlichung der Leitlinien.
62 Strobl/Lobermeier 2012, S. 4.
63 Vgl. Aumüller/Daphi/Biesenkamp 2015, S. 85 ff.
64 gl. Aumüller/Daphi/Biesenkamp 2015, S. 131.
65 Vgl. Han-Broich, Misun 2015.
66 Vgl. Mutz et al. 2015, S. 19 ff.
67 Vgl. Bundesamt für Migration und Flüchtlinge/Stiftung Bürger für Bürger 2010.
68 Vgl. Aumüller/Daphi/Biesemkamp 2015, S. 166.
69 Vgl. Müller/Wieland 2015.
70 Vgl. Mutz 2015, S. 22.
71 Vgl. Aumüller/Daphi/Biesenkamp 2015, S. 92.74 Vgl. hessenschau 2015.
72 Vgl. hessenschau 2015
73 Vgl. Fischer-Krapohl 2007: S. 201ff; Staubach 2005; Amt für multikulturelle
   Angelegenheiten (o.J.).
74 Vgl. Aumüller/Daphi/Biesenkamp 2015, S. 129.
75 Vgl. hierzu Hafeneger/Schönfelder 2007.
76 Vgl. Norddeutscher Rundfunk (o.J.).
77 Vgl. Homepage der „Willkommensinitiative in Agnes" der Pfarrgemeinde St.
   Agnes
78 Vgl. Bundesarbeitsgemeinschaft der Senioren-Organisationen e.V. (BAGSO)
   2015.
70 Vgl. http://jogspace.net/; http://lampedusa-in-hanau.antira.info/.
80 Vgl. Fuldaer Nachrichten 2015.
81 Vgl. Bundesministerium für Familie, Senioren, Frauen und Jugend 2002. S. 3
82 Vgl. Deutscher Feuerwehrverband e.V. 2012.
83 Vgl. Institut für Demokratische Entwicklung und Soziale Integration (DESI)
   2012, S. 37.
84 Vgl. Stadt Frankfurt am Main, Amt für multikulturelle Angelegenheiten (o.J.);
   Magistrat der Stadt Wetzlar 2013.
85 Vgl. Institut für Demokratische Entwicklung und Soziale Integration (DESI)
   2012, S. 42.
86 Vgl. Institut für Demokratische Entwicklung und Soziale Integration (DESI)
   2012, S. 42.
87 Vgl. Institut für Demokratische Entwicklung und Soziale Integration (DES)
   2012, S. 67.
88 Vgl. Reiter/Wolf 2016, S. 45.
89 Vgl. Kiess 2013.
90 Vgl. Zentrum für Türkeistudien und Integrationsforschung (ZfTI) 2013, S. 21.
92 Vgl. Bundesministerium der Justiz und für Verbraucherschutz 2015.
93 Vgl. klicksafe c/o Landeszentrale für Medien und Kommunikation (LMK)
   Rheinland-Pfalz (Hrsg.) 2013.

Zusammenfassung der Ergebnisse

In der Zusammenschau der Ergebnisse der vorliegenden Expertise lassen sich zunächst übergeordnet folgende zwei zentrale
Schlussfolgerungen ziehen:

- Maßnahmen zur Prävention flüchtlingsfeindlicher Einstellungen in der Bevölkerung und zur vorausschauenden Verhinderung von Anfeindungen und Konflikten sind insbesondere
  deshalb wichtig, weil aktuell vor allem das Engagement der
  Zivilgesellschaft Wahrnehmung erfährt. Ablehnung, die es
  unter der Bevölkerung gibt und die sich eher an Stammtischen oder in sozialen Medien äußert, wird nicht explizit
  als Problem eingeschätzt, solange Proteste und Konflikte
  nicht manifest werden. Aktuell bindet die Bewältigung der
  Herausforderungen vor Ort die zivilgesellschaftlichen Kräfte,
  für eine präventive Auseinandersetzung mit rassistischen und
  rechtsextremen Potentialen bleibt schlichtweg kein Freiraum.
- Im Hinblick auf die ländlichen Gebiete zeichnet sich auf der
  Basis der Ergebnisse der Interviews mit den Expert/innen
  ab, dass Integration eher als ein beiläufiger Prozess wahrgenommen wird, spezifische Steuerungserfordernisse werden
  nicht explizit benannt. Formen der Nachbarschaftshilfe, der
  Einfluss von deutungsmächtigen Akteuren und die unausweichliche räumliche Nähe werden als Motoren der Integration
  hervorgehoben, ergänzende Maßnahmen geraten aus dem
  Blick. Diese Einschätzungen machen deutlich, dass für die
  ländlichen Räume die Schaffung von Bewusstsein für die
  Notwendigkeit von aktiven Integrationsmaßnahmen hoch
  ist, insbesondere auch deshalb, weil in ländlichen Räumen
  strukturelle Nachteile (z.B. Mobilitäts-, Arbeitsmarkt- und
  Angebotsrestriktionen) ausgeglichen werden müssen.

Handlungsfelder für die pro-aktive Mobile Beratung – eine Checkliste

Beratung und Unterstützung von politisch verantwortlichen Akteuren:

- z. B. Entwicklung einer persönlichen Haltung und von Standing in Konfliktsituationen;
- Moderation von Prozessen zur Entwicklung eines kommunalen Mottos bei der Flüchtlingsaufnahme und -betreuung;
- Kommunikationsstrategien in Hinblick auf unterschiedliche Zielgruppen;
- Sensibilisierung für und ggf. Qualifizierung für die Anleitung partizipativer Verfahren;
- Strategien zum Umgang mit rechtspopulistischen Parteien in den Parlamenten;
- Erfahrungsaustausch unter Bürgermeister/innen und Landrät/innen.

Beratung und Unterstützung ehrenamtlich Engagierter:

- z. B. Entlastung und Erfahrungsaustausch;
- Wertschätzung, Erhalt und Überführung des Engagements in neue Kontexte;
- Schulungen in Hinblick auf diskursive Multiplikator/innen-Funktion;
- Vermittlung von Handlungssicherheit gegen Anfeindungen;
- Empowernment von Flüchtlingen und Migrant/innen zur Selbstorganisation und Partizipation;
- Strategien im zivilgesellschaftlichen Umgang mit rechtspopulistischen Parteien.

Beratung bei der Entwicklung und Umsetzung neuer Formate der politischen Bildung:

- z. B. Wissensvermittlung zu bürgerschaftlicher Beteiligung und Aktivierung für Flüchtlinge;

- Ansätze der interkulturellen politischen Bildung;
- diskursorientierte demokratische Wertebildung im öffentlichen Raum;
- Einübung von Gegen-Narrationen insbesondere auch in sozialen Netzwerken.

Prozessmoderation für die partizipative Erarbeitung von Integrationskonzepten:

- z. B. Stakeholderanalysen und Prozessorganisation;
- Know-how Vermittlung zu niedrigschwelligen partizipativen Verfahren;
- Beratung zur inklusiven Leitbildentwicklung;
- Adaptierung von Modellen für den ländlichen Raum.

Know-how Transfer:

- z. B. interkommunaler Austausch;
- Dokumentation und Publikation guter Praxis.

Identifikation lokaler flüchtlingsfeindlicher Potentiale:

- z. B. Sensibilisierung lokaler Akteure für Notwendigkeit der Wahrnehmung von Rassismus und Rechtsextremismus;
- Verfahren zur Identifikation latenter Konfliktthemen und der spezifischen Milieus, in denen sie entstehen;
- Unterstützung bei der Entwicklung lokaler Deutungsmuster;
- Risikoanalysen für die Entstehung offenen Protestes gegen Flüchtlinge.

Konfliktmoderation

- z. B. Beratung und Moderation in Konflikten zwischen staatlichen und zivilgesellschaftlichen Akteuren;
- Beratung von verantwortlichen Akteuren bei der Moderation von Konflikten z. B. mit Anwohner/innen;
- Schulungen von lokalen (interkulturellen) Konfliktlotsen.

Prävention von Gewalt gegen Flüchtlinge

* z. B. Analyse der Entwicklungen in rechten Szenen im Zusammenhang mit dem Zuzug von Flüchtlingen;
* Analyse und Verhinderung von Prozessen der Ausgrenzung und Bedrohung von Flüchtlingen unter Jugendlichen;
* Entwicklung lokaler Schutzsstrategien.

Anhang
Methodisches Vorgehen

Die vorliegende Expertise basiert auf der Auswertung von qualitativen Interviews mit Expert/innen in Hessen und von Veröffentlichungen, Dokumenten und z. T. auch Pressemitteilungen, die als Desk-top Recherchen durchgeführt wurden.

Die Interviews wurden im Dezember 2015 mit insgesamt 12 Expert/innen, darunter

- eine Integrationsbeauftragte von Landesverbänden der freien Wohlfahrtspflege;
- zwei Integrationsbeauftragte der Wohlfahrtsverbände auf kommunaler Ebene;
- eine kommunale Integrationsbeauftragte;
- drei Beauftragte für die Ehrenamtskoordination in einem hessischen Regierungspräsidium;
- ein/e Kommunalpolitiker/in;
- zwei leitende Polizeibeamte sowie
- eine/e Mitarbeiter/in der Mobilen Beratung in Hessen.

Um sicherzustellen, dass die Expert/innen offen über Probleme und ggf. kritische Ereignisse vor Ort berichten können, wurde eine anonyme Auswertung vereinbart. Bei der Darstellung der Untersuchungsergebnisse der Befragung werden Personen-, Orts- und andere Angaben, die eine Rückverfolgung ermöglichen, nicht genannt.

Die Interviews wurde leitfadengestützt durchgeführt und beinhalteten Fragen nach

- der historischen und aktuellen lokalen Situation der Flüchtlingsaufnahme und -betreuung;
- den kommunalen Strukturen und Ressourcen;

- der Einschätzung der aktuellen Stimmung in der Bevölkerung, konkreten Konflikten vor Ort, möglichen Konfliktszenarien in naher Zukunft und ihren Ursachen;
- „good practice" Ansätzen vor Ort;
- wahrgenommenen Unterschieden für die Integrationschancen von Flüchtlingen zwischen städtischen und ländlichen Räumen;
- Erfordernissen für das weitere mittelfristige Vorgehen.

Die Interviews wurden aufgezeichnet, transkribiert, mit Hilfe des Softwareprogramms MAXQDA kodiert und mittels einer qualitativen Inhaltsanalyse ausgewertet.[94]

Bei der Auswahl der Expert/innen wurde gezielt darauf geachtet, dass unterschiedliche kommunale Rahmenbedingungen in den Blick genommen werden konnten. Im sample sind vertreten:
- zwei kreisfreie Städte;
- drei Landkreise;
- zwei Gemeinden;
- jeweils eine Stadt und ein Landkreis mit einer Erstaufnahmeeinrichtung;
- jeweils eine Stadt, ein Landkreis und eine Gemeinde mit einem dezentralen Unterbringungskonzept;
- zwei Landkreise, eine Gemeinde und eine Stadt mit großen Gemeinschaftsunterkünften.

Bei der Auswertung von Dokumenten wurden herangezogen:
- Studien und Expertisen zur Integration von Flüchtlingen;
- ausgewählte kommunale, bundeslandbezogene und bundesweite Integrationskonzepte;
- graue Literatur von Flüchtlingshilfsorganisationen, Stiftungen und Trägern;
- ausgewählte Literatur zu spezifischen Handlungsfeldern der Integrationsarbeit;
- ausgewählte Literatur zu Ansätzen der Prävention von Rechtsextremismus sowie

- Pressemeldungen.

Bis auf einen städtischen Standort, befanden sich alle Städte, Landkreise und Gemeinden nach Aussage der Expert/innen in einer finanziell angespannten Haushaltslage, zwei Standorte in Landkreisen und eine Stadt unterlagen den Restriktionen des kommunalen Haushaltsschirms des Landes Hessen.[95]

Anmerkungen

94 Vgl. Mayring 2003.
95 Vgl. Hessisches Ministerium der Finanzen 2015.

Quellenverzeichnis

Alicke, Tina/Eichler, Antje/Laubstein, Claudia (2015): Inklusion. Grundlagen und theoretische Verortung. In: AWO Arbeiterwohlfahrt Bundesverband e.V./ Institut für Sozialarbeit und Sozialpädagogik e.v. (Hrsg.): Inklusive Gesellschaft. Teilhabe in Deutschland, Baden-Baden, S.31.

Amadeu Antonio Stiftung/Pro Asyl (2014): Die Brandstifter. Rechte Hetze gegen Flüchtlinge, http://www.amadeu-antoniostiftung.de/w/files/pdfs/broschuere_brandstifter_internet.pdf. (Letzter Zugriff: 19.12.2015).

Amadeu Antonio Stiftung/PRO ASYL (2015): pro menschenrechte. contra vorurteile. Fakten und Argumente zur Debatte über Flüchtlinge in Deutschland und Europa, 2. aktualisierte Auflage, http://issuu.com/pro_asyl/docs/pro_contra_2015_web/1?e=4871293/15269144. (Letzter Zugriff 19.12.2015).

Amt für multikulturelle Angelegenheiten (o.J.): Konfliktvermittlung und Prävention. https://www.frankfurt.de/sixcms/detail.php?id=5343348. (Letzter Zugriff: 19.12.2015).

Aumüller, J./Bretl, C. (2008): Die kommunale Integration von Flüchtlingen in Deutschland, Berlin.

Aumüller, J. (2009): Die kommunale Integration von Flüchtlingen. In: Gesemann, F./Roth, R. (Hg.), Lokale Integrationspolitik in der Einwanderungsgesellschaft, Wiesbaden, S. 111–130.

Aumüller, J./Gesemann, F. (2014): Integrationspotenziale ländlicher Regionen im Strukturwandel. Abschlussbericht zum Forschungs-Praxis-Projekt, Darmstadt. http://www.integrationspotenziale.de/wp-content/uploads/2012/04/Abschlussbericht_Integrationspotenziale-l%C3%A4ndlicher-Regionen-im-Strukturwandel.pdf. (Letzter Zugriff: 19.12.2015).

Aumüller, J. /Daphi, P. /Biesenkamp, C. (2015): Die Aufnahme von Flüchtlingen in den Bundesländern und Kommunen. Behördliche Praxis und zivilgesellschaftliches Engagement, Expertise gefördert und herausgegeben von der Robert Bosch Stiftung, http://www.bosch-stiftung.de/content/language1/downloads/Studie_Aufnahme_Fluechtlinge_2015.pdf. (Letzter Zugriff: 19.12 2015).

Beyer, S. (2010): Gemeinsam Handeln. Für Demokratie in unserem Gemeinwesen, Handlungsempfehlungen zum Umgang mit Rechtsextremismus im ländlichen Raum, http://www.b-b-e.de/fileadmin/inhalte/aktuelles/2010/12/handreichung_gemeinsam_handeln.pdf. (Letzter Zugriff: 19.12 2015).

Bundesamt für Migration und Flüchtlinge/Stiftung Bürger für Bürger (2010): Engagiert für Integration. Erkenntnisse und Handlungsempfehlungen aus 16 Modellprojekten zum interkulturellen bürgerschaftlichen Engagement, http://www.bamf.de/SharedDocs/Anlagen/RU/Download/Infothek/Integrationsprogramm/engagiert-fuer-integration.pdf?__blob=publicationFile. (Letzter Zugriff: 19.12.2015).

Bundesarbeitsgemeinschaft der Senioren-Organisationen e.V. (BAGSO) (2015): Freiwilliges Engagement älterer Menschen mit Zuwanderungsgeschichte anerkennen und fördern, http://www.bagso.de/fileadmin/Aktuell/Positionen/2015/BAGSO_Positionspapier_ Engagement_aelterer_Migrantinnen_Migranten.pdf. (Letzter Zugriff: 19.12.2015).

Bundesministerium für Familie, Senioren, Frauen und Jugend (2002): Recherche zum freiwilligen Engagement von Migrantinnen und Migranten, Berlin.

Bundesministerium der Justiz und für Verbraucherschutz (2015): Gemeinsam gegen Hassbotschaften. Ergebnispapier der Task Force „Umgang mit rechtswidrigen Hassbotschaften im Internet" vorgeschlagene Wege zur Bekämpfung von Hassinhalten im Netz, https://www.bmjv.de/SharedDocs/Downloads/DE/Artikel/12152015_TaskForceEr gebnispapier.pdf?. (Letzter Zugriff: 19.12.2015).

Bundesministerium des Inneren (o.J.): Integration. http://www.bmi.bund.de/DE/Themen/Migration-Integration/Integration/integration_node.html. (Letzter Zugriff: 19.12 2015).

Bundesministerium für wirtschaftliche Zusammenarbeit (2015): Begriffsbestimmungen und Erläuterungen. Flüchtling, Asylsuchender, Binnenvertriebener, Klimamigrant, UNHCR, https://www.bmz.de/de/themen/Sonderinitiative-Fluchtursachenbekaempfen-Fluechtlinge-reintegrieren/hintergrund/definition_fluechtling/index.html. (Letzter Zugriff: 19.12.2015).

Burkert, C. /Kindermann, W. (2008): Integration von Migranten in Hessen. Bildungssystem und Arbeitsmarkt, https://www.arbeitsagentur.de/web/wcm/idc/groups/public/documents/webdatei/m daw/mdk3/-edisp/l6019022dstbai384579.pdf?_ba.sid=L6019022DSTBAI384582, . (Letzter Zugriff: 19.12.2015).

Burschel, F. (2010) (Hrsg.): Stadt – Land – Rechts. Brauner Alltag in der deutschen Provinz, Berlin.

Bouffier, V. (2015): Regierungserklärung des Ministerpräsidenten Volker Bouffier zum Thema Flüchtlinge und Asylbewerber in Hessen „Hessen handelt". Plenarsitzung des Hessischen Landtages am 19.12 2015, https://staatskanzlei.hessen.de/sites/default/files/media/staatskanzlei/regierungse rklaerung_fluechtlinge_und_asylbewerber_in_hessen_0.pdf. (Letzter Zugriff: 22.09.2015).

Carrel, N. (2013): Anmerkungen zur Willkommenskultur. In: Aus Politik und Zeitgeschichte, 47, S. 30-33.

Deutscher Bundestag 18. Wahlperiode: Drucksache 18/6559, 04.11.2015. Antwort der Bundesregierung auf die Kleine Anfrage der Abgeordneten Ulla Jelpke, Jan van Aken, Annette Groth, weiterer Abgeordneter und der Fraktion DIE LINKE. – Drucksache 18/6424 – Proteste gegen und Übergriffe auf Flüchtlingsunterkünfte im dritten Quartal 2015

Deutscher Feuerwehrverband e.V. (Hrsg.) (2012): Handreichung zur Interkulturellen Öffnung der Feuerwehren. „Einsatz braucht Vielfalt – Vielfalt braucht Einsatz", http://www.feuerwehrverband.de/fileadmin/Inhalt/SCHWERPUNKTE/Integration/ DFUF-Handreichung.pdf. (Letzter Zugriff: 19.12.2015).

Die Welt (2015): Bürgermeister tritt wegen NPD. Anfeindungen zurück. http://www.welt.de/regionales/sachsen-anhalt/article138189980/Buergermeister-tritt-wegen-NPD-Anfeindungen-zurueck.html. (Letzter Zugriff: 19.12.2015).

Deutsches Institut für Urbanistik (difu) (2015): Forschungs-Praxis-Projekt: Vielfalt in den Zentren von Klein- und Mittelstädten – sozialräumliche Integration, städtische Identität und gesellschaftliche Teilhabe. Dokumentation der Auftaktveranstaltung am 26./27. November 2015, Berlin

Dorfer, T. (2015): Benimm-Knigge für Flüchtlinge. http://blog.zeit.de/teilchen/2015/10/08/benimmregeln-fuer-fluechtlinge/. (Letzter Zugriff: 19.12.2015).

El-Mafaalani, A. /Toprak, A. (2011): Muslimische Kinder und Jugendliche in Deutschland. Lebenswelten – Denkmuster – Herausforderungen, http://www.kas.de/wf/doc/kas_28612-544-1-30.pdf?111201141739. (Letzter Zugriff: 19.12 2015).

Fischer-Krapohl, I. (2007): ‚Ethnische Ökonomie' im theoretischen Diskurs. Unternehmen von MigrantInnen zwischen Ethnisierung und Integration, in: Fischer-Krapohl, I./Waltz, V.: Raum und Migration. Differenz anerkennen, Vielfalt planen, Potenziale nutzen, Dortmund, S. 199-222.

Fuldaer Nachrichten (2015): Junge Asylbewerber helfen bei der Apfelernte im Biosphärenreservat Rhön. http://www.fuldaer-nachrichten.de/?p=144111. (Letzter: 19.12.2015).

Gesemann, F., Roth, R., Aumüller, J.: Stand der kommunalen Integrationspolitik in Deutschland. Studie erstellt für das Bundesministerium für Verkehr, Bau und Stadtentwicklung und die Beauftragte der Bundesregierung für Migration, Flüchtlinge und Integration, 2012.

Han-Broich, Misun (2015): Engagement in der Flüchtlingshilfe. Eine erfolgsversprechende Integrationshilfe, in: Aus Politik und Zeitgeschichte, 14-15, S. 43-49.

Hafeneger, B./Schönfelder, S. (2007): Politische Strategien gegen die extreme Rechte in Parlamenten. Folgen für kommunale Politik und lokale Demokratie, Berlin

Häusler, A. (2009): Rechtsextremismus und interkulturelle Konflikte in der Einwanderungsgesellschaft. In: Molthagen, D. / Korgel, L. (Hg.): Handbuch für die kommunale Auseinandersetzung mit dem Rechtsextremismus, http://library.fes.de/pdf-files/do/06431.pdf. (Letzter Zugriff: 19.12 2015).

Häußermann, Hartmut/Siebel, Walter (2001): Integration und Segregation. Überlegungen zu einer alten Debatte, in: Deutsche Zeitschrift für Kommunalwissenschaften, 1, S. 68-79.

Heckmann, F. (1997): Integration und Integrationspolitik in Deutschland. efms paper, http://www.efms.uni-bamberg.de/pdf/efms_p11.pdf. (Letzter Zugriff: 19.12 2015).

Heckmann, F. (2012): Willkommenskultur was ist das, und wie kann sie entstehen und entwickelt werden? efms paper. www.efms.uni-bamberg.de/pubpap_d.htm. (Letzter Zugriff: 13.01.2016).

Hessisches Ministerium der Finanzen (2015): https://finanzen.hessen.de/finanzen/themenseite-kommunaler-schutzschirm, (Letzter Zugriff: 19.12.2015).

Hessischer Städte- und Gemeindebund (2015): Fachinformationen Asyl/Flüchtlinge. Forderungskatalog des Hessischen Städte- und Gemeindebundes zur aktuellen Flüchtlingsproblematik, https://www.hsgb.de/asyl-fluechtlinge/forderungskatalog-des-hessischen-staedte-und-gemeindebundes-zur-aktuellen-fluechtlingsproblematik-1450430261/2015/12/18. (Letzter Zugriff: 19.12.2015). hessenschau (2015): Was ist wirklich dran? Sieben Gerüchte über Flüchtlinge, sieben Faktenchecks, http://hessenschau.de/gesellschaft/sieben-geruechte-ueber-fluechtlinge--sieben-faktenchecks,faktencheck-100.html. (Letzter Zugriff: 19.12.2015).

Hradil, S. (2004): Die Sozialstruktur Deutschlands im internationalen Vergleich. Wiesbaden. Institut für Demokratische Entwicklung und Soziale Integration (DESI) (2012): Stand der kommunalen Integrationspolitik in Deutschland. Studie erstellt für das Bundesministerium für Verkehr, Bau und Stadtentwicklung und die Beauftragte der Bundesregierung für Migration, Flüchtlinge und Integration, http://www.bundesregierung.de/Content/DE/_Anlagen/IB/2012-05-04-kommunalstudie.pdf?__blob=publicationFile&v=4. (Letzter Zugriff: 19.12.2015).

ISS-Frankfurt a. M./Camino (2015): Erster Zwischenbericht zum Berichtszeitraum 01.01.2015 – 31.12.2015 der Wissenschaftlichen Begleitung des Programmbereichs „Partnerschaften für Demokatie" im Programm „Demokratie leben! Aktiv gegen Rechtsextremismus, Gewalt und Menschenfeindlichkeit." (unveröffentlicht).

Jugend ohne Grenzen: http://jogspace.net. (Letzter Zugriff: 19.12.2015).

Karakayali, S. /Kleist, O. (2015): EFA-Studie. Strukturen und Motive der ehrenamtlichen Flüchtlingsarbeit (EFA) in Deutschland. 1. Forschungsbericht, Ergebnisse einer explorativen Umfrage von November/Dezember 2014, Berlin.

Kiess, J. (2013): Demokratiemonitoring: mehr als Geheimdienst und Serviceleistung, in: Wer schützt die Verfassung? Kritik zu den Verfassungsschutzbehörden und Perspektiven jenseits der Ämter, Dresden, http://www.weiterdenken.de/sites/default/files/downloads/Verfassungsschutz_Kie ss.pdf (Letzter Zugriff: 19.12.2015).

Kirchhoff, G. (2015): Integrationspotentiale ländlicher Kommunen. Was heißt Willkommenskultur?, in: Deutsches Institut für Urbanistik (difu) (2015): Forschungs-Praxis-Projekt: Vielfalt in den Zentren von Klein- und Mittelstädten – sozialräumliche Integration, städtische Identität und gesell-

schaftliche Teilhabe. Dokumentation der Auftaktveranstaltung an 26./27.
November 2015, Berlin, S. 12-16.

klicksafe c/o Landeszentrale für Medien und Kommunikation (LMK)
Rheinland-Pfalz (Hrsg.) (2013): Rechtsextremismus hat viele Gesichter. Wie
man Rechtsextreme im Netz erkennt – und was man tun kann, Materialien
für den Unterricht, http://www.lpr-hessen.de/files/Rechtsextremismus_hat_
viele_Gesichter.pdf. (Letzter Zugriff: 19.12.2015).

Kronauer, M. (2010): Inklusion – Exklusion. Eine historische und begriffliche
Annäherung an die soziale Frage der Gegenwart, in Kronauer, M. (Hrsg.):
Inklusion und Weiterbildung. Reflexionen zur gesellschaftlichen Teilhabe in
der Gegenwart, Bielefeld, S. 24-58.

Lampedusa in Hanau und Main-Kinzig-Kreis: http://lampedusa-in-hanau.
antira.info/uber-uns-about-us-2/. (Letzter Zugriff: 19.12.2015).

Landkreis Gießen (2015): Richtlinie zur Unterbringung und Betreuung von
Flüchtlingen im Landkreis Gießen. https://www.lkgi.de/images/formu-
lare_downloads/Gesundheit_Soziales_Integrati on/Zuwanderung_und_Ein-
reise/Richtlinie_Unterbringung_Betreuung_Fluechtling e_LK.pdf. (Letzter
Zugriff: 19.12.2015).

Lochocki, T. (2012): Immigrationsfragen. Sprungbrett rechtspopulistischer
Parteien, in: Aus Politik und Zeitgeschichte, 5-6, S. 30-36,

Magistrat der Stadt Wetzlar (Hrsg.) (2013): Integriertes Handlungskonzept der
Stadt Wetzlar zur Integration von Menschen mit Migrationshintergrund.
http://www.wetzlar.de/media/custom/370_18160_1.PDF?1386847879.
(Letzter Zugriff: 19.12.2015).

Majic, D. (2015) : Rechte : "Stoppt den großen Austausch", http://www.
fr-online.de/rhein-main/rechte-bewegung-in-hessen-rechte---stoppt-den-
grossen-austausch-,1472796,31119164.html. (Letzter Zugriff: 19.12.2015).

Mayring, P. (2003): Qualitative Inhaltsanalyse. Grundlagen und Techniken,
Weinheim. mobile beratung gegen rechtsextremismus berlin (2013) : Keine
Bühne für Rassismus.

Flüchtlinge willkommen heissen, Empfehlungen zur Durchführung von öffentlichen Informationsveranstaltungen in geschlossenen Räumen anlässlich
der Einrichtung einer Flüchtlingsunterkunft, http://www.mbr-berlin.de/
wp-content/uploads/2013/12/mbr_faltblatt-2013-web1.pdf. (Letzter Zugriff:
19.12.2015).

Mutz, G. /Costa-Schott, R. /Hammer, I. /Layritz, G. /Lexhaller, C. /Mayer, M.
/Poryadina, T./Ragus, S. /Wolff, L. (2015): Engagement für Flüchtlinge in
München. Ergebnisse eines Forschungsprojekts an der Hochschule München
in Kooperation mit dem Münchner Forschungsinstitut miss, http://www.b-
b-e.de/fileadmin/inhalte/aktuelles/2015/10/newsletter-21-abschlussbericht.
pdf. (Letzter Zugriff: 19.12.2015).

Müller, M. /Wieland, R. (2015): Berlin sagt Danke. 31. Januar 2016, Der
Regierende Bürgermeister und das Abgeordnetenhaus laden herzlich ein,

https://www.parlament-berlin.de/de/Meldungen/Berlin-sagt-Danke. (Letzter Zugriff: 19.12.2015).

Norddeutscher Rundfunk (o.J.): Viel Lob für WhatsApp-Geschichte, http://www.ndr.de/fernsehen/sendungen/panorama3/Viel-Lob-fuer-WhatsApp-Geschichte,fluchtprotokoll168.html. (Letzter Zugriff: 19.12.2015).

PRO ASYL (2014): Presseerklärung, 30.04.2014. Zum heute vom Kabinett beschlossenen Gesetzesentwurf zu sicheren Herkunftsstaaten: PRO ASYL stellt kritisches Rechtsgutachten vor, http://www.proasyl.de/en/press/press/news/zum_heute_vom_kabinett_beschloss enen_gesetzentwurf_zu_sicheren_herkunftsstaaten/. (Letzter Zugriff: 19.12.2015).

Regierungspräsidium Darmstadt (2015): Flüchtlinge. https://rp-darmstadt.hessen.de/irj/RPDA_Internet?cid=8147a983fb256d5383918f1babe7446d. (Letzter Zugriff: 10.12.2015).

Reiter, S. /Wolf, R. (2006): Maßnahmen zur politischen Bildung für Migranten und Migrantinnen. Expertise für die Bundeszentrale für politische Bildung (bpb), http://bpb.de/files/2AELAY.pdf. (Letzter Zugriff: 19.12.2015).

Roth, R. (2013): Willkommens- und Anerkennungskultur in Deutschland – Herausforderungen und Lösungsansätze, Expertise im Auftrag der Bertelsmann Stiftung, https://www.bertelsmann-stiftung.de/fileadmin/files/user_upload/Roth_Willkommenskultur.pdf. (Letzter Zugriff: 19.12 2015).

Stadt Frankfurt, Amt für multikulturelle Angelegenheiten (o.J.): Ein Integrationskonzept für Frankfurt am Main. http://www.vielfalt-bewegt-frankfurt.de/de/seite/ein-integrationskonzept-fuer-frankfurt-am-main. (Letzter Zugriff: 31.12.2015).

Stadt Leverkusen, Dezernat für Bürger, Umwelt und Soziales (2015): 2. Sachstandsbericht Flüchtlinge in Leverkusen. Februar 2015, http://www.kircheschlebusch.de/fileadmin/user_upload/pdf/2_sachstandsbericht_f luechtlinge_stadt_lev.pdf. (Letzter Zugriff: 19.12.2015).

Staubach, R. (2005): Konfliktvermittlung in Nachbarschaft und Quartier. In: Rösener, B./Selle, K. (Hg.): Kommunikation gestalten. Beispiele und Erfahrungen aus der Praxis für die Praxis, Dortmund, S. 266-269.

Straßburger, G. (2001): Evaluation von Integrationsprozessen in Frankfurt am Main. Studie zur Erforschung des Standes der Integration von Zuwanderern und Deutschen in Frankfurt am Main am Beispiel von drei ausgewählten Stadtteilen im Auftrag des Amtes für multikulturelle Angelegenheiten der Stadt Frankfurt am Main, http://www.gaby-strassburger.de/evaluation.pdf. (Letzter Zugriff: 19.12.2015).

Stracke, B. (2015): Meinung. Probleme und Lösungswege in der kommunalen Flüchtlingspolitik, http://www.bpb.de/politik/extremismus/rechtsextremismus/207700/meinung-probleme-und-loesungswege-in-der-kommunalen-fluechtlingspolitik. (Letzter Zugriff: 19.12.2015).

Strobl, R./Lobermeier, O. (2012): Gelingensfaktoren für eine gute Netzwerkarbeit. https://www.demokratie-leben.de/fileadmin/content/PDF-DOC-XLS/Wissen/Aufsatz_Strobl_Lobermeier_final.pdf. (Letzter Zugriff: 19.12 2015).

Universität Leipzig (2013): Pressemitteilung 083/2013 vom 25.03.2013. Rechtsextremismus der Mitte, http://www.zv.uni-leipzig.de/service/kommunikation/medienredaktion/nachrichten.html?ifab_modus=de tail&ifab_id=4842. (Letzter Zugriff: 19.12.2015).

Thränhardt, D. (2015): Die Arbeitsintegration von Flüchtlingen in Deutschland. Humanität, Effektivität, Selbstbestimmung, https://www.bertelsmannstiftung.de/fileadmin/files/Projekte/28_Einwanderung_und_Vielfalt/Studie_IB_Die_Ar beitsintegration_von_Fluechtlingen_in_Deutschland_2015. pdf. (Letzter Zugriff: 31.12 2015).

Vogel, B. (2015): Vorbildliche Information zum Thema Flüchtlinge durch die Kommune Ottendorf. http://wie-kann-ich-helfen.info/vorbildliche-information-zum-thema-fluechtlinge-durch-die-kommune-in-otterndorf/2853. (Letzter Zugriff: 19.12.2015).

Weiser, B. (2014): Recht auf Bildung für Flüchtlinge. Rahmenbedingungen des Zugangs zu Bildungsangeboten für Asylsuchende, Flüchtlinge und Migranten mit Duldung (schulische oder berufliche Aus- und Weiterbildung), in: Beilage zum ASYLMAGAZIN 11/2013, Online-Version 2014. http://www.asyl.net/fileadmin/user_upload/redaktion/Dokumente/ Publikationen/R echtBildung_online2014.pdf. (Letzter Zugriff: 19.12.2015).

Westphal, M./Behrensen, B. (2008): Wege zum beruflichen Erfolg bei Frauen mit Migrationshintergrund der ersten und zweiten Generation und Ursachen für die gelungene Positionierung im Erwerbsleben, Osnabrück.

„Willkommensinitiative in Agnes" der Pfarrgemeinde St. Agnes: http://ourstoriescologne.tumblr.com/. (Letzter Zugriff: 19.12.2015).

Zentrum für Türkeistudien und Integrationsforschung (ZfTI) (2013): Wechselwirkungen zwischen Diskriminierung und Integration. Analyse bestehender Forschungsstände. Expertise des Zentrums für Türkeistudien und Integrationsforschung (ZfTI) im Auftrag der Antidiskriminierungsstelle des Bundes, http://www.antidiskriminierungsstelle.de/SharedDocs/Downloads/DE/publikatione n/Expertisen/Expertise_Wechselwirkung_zw_Diskr_u_Integration.pdf;jsessionid=9312CD8714AE742FF30D0AE361B46C93.2_cid350?__ blob=publicationFile&v=1. (Letzter Zugriff: 19.12.2015).

Die Autorinnen

Irina Bohn
M.A. Ethnologie, Spanische Philologie, Politikwissenschaft
Leiterin des Geschäftsfelds „Sozialer Zusammenhalt und Beteiligung" im Institut für Sozialarbeit und Sozialpädagogik e. V., Frankfurt am Main

Tina Alicke
M.A. Religionswissenschaft, Ethnologie und Arabistik
Wissenschaftliche Mitarbeiterin im Institut für Sozialarbeit und Sozialpädagogik e. V., Frankfurt am Main